改訂

アメリカ占領下沖縄の労働史

南雲和夫 著

時潮社

目次

第3章　冷戦戦略の修正に伴う沖縄占領政策軌道修正と労働政策の転換（一九五八〜一九六四）

結　章　アメリカの対沖縄政策の変遷と労働運動

写真：沖縄県読谷村

はじめに

二〇二二年は、沖縄県の祖国復帰五〇年（施政権返還）ということもあり、大手マスコミ、特に大手テレビ局、総合雑誌、全国大手新聞をはじめ学会・ジャーナリズムなどでの取り上げもこれまで以上の取り上げ方が多く見られた。

復帰前の沖縄における労働運動、労働組合の運動に関する業績についても、筆者が過去、拙著で指摘した占領下の沖縄における労働運動の関連分野では、新たな世代の研究者などから、復帰運動を日本本土（以下、本土と略）の労働運動や、島ぐるみ闘争と関連付けた研究が出されてきている。[1] さらに沖縄県では、自治体として現代史に大幅に言及した『沖縄県史』の新版が刊行されるなど、沖縄現代史研究をめぐる学会動向および業績は、筆者が沖縄研究を志した一九九〇年代に比べると、百花繚乱の感がある。[2]

しかしその一方で、残念ながら基地反対闘争および復帰運動を担った労働者および労働組合の沖縄に関するかかわり方、特に一九六〇年代に復帰運動が高揚した時期における、米国民政府（USCAR）や国際的な労働運動との関係、さらには本土ナショナルセンターや文化運動との関連を取り上げた報道、研究などはまだ端緒についたばかりという面は否めないのではなかろうか。

本書では、占領支配の下での沖縄の労働者の運動を軸に、祖国復帰闘争の意義を取りあげる。なお、全体の時期を過去の拙著同様に大別しておよそ四期に分類し、労働運動が一定の影響力を祖国復帰運動に持ち始め、またそれが米国民政府などによって一定の介入がされ始める時期に焦点を当てて考察する。そして最後に、占領下の沖縄の労働運動の特殊性と到達点について、全体の時期を通じて考察する。

【注】

（1）拙著『占領下の沖縄―米軍基地と労働運動』（かもがわ出版、一九九六年）。同『アメリカ占領下沖縄の労働史―支配と抵抗のはざまで』（みずのわ出版、二〇〇五年）。

（2）たとえば森健一『戦後アメリカの対日労働政策と地域共闘組織の対抗』（熊本出版文化会館、二〇一三年）。古波蔵契『ポスト島ぐるみの沖縄戦後史』（有志舎、二〇二三年）。また沖縄県民の意識の変化を分析した著作としては村岡敬明『米軍統治下での「島ぐるみ闘争」における沖縄住民の意識の変容』（大学教育出版、二〇二三年）。なお、沖縄本島北部の開発とそれに対する住民の抵抗運動を分析した著作としては、森啓輔『沖縄山原―統治と抵抗』（ナカニシヤ出版、二〇二三年）、など一連の著作を参照。

なお、近年東アジア諸国の戦後史との関連で沖縄返還を分析した著作として、成田千尋『沖縄返還と東アジア冷戦体制：琉球／沖縄の帰属・基地問題の変容』（人文書院、二〇二〇年）がある。

第1章
アメリカの対アジア政策の確立と対沖縄占領政策の確立

（1945〜1951）

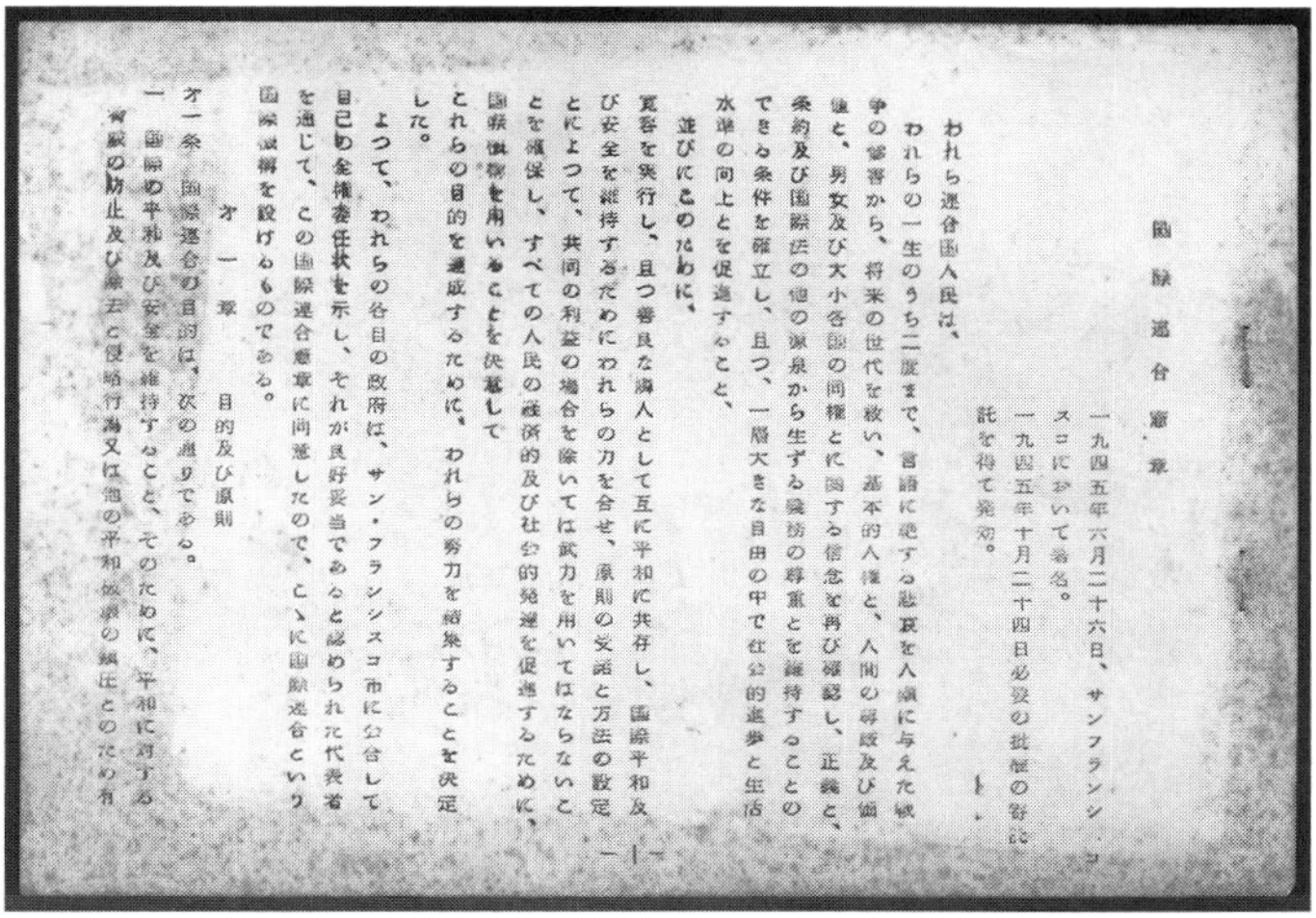

国際連合憲章

一九四五年六月二十六日、サンフランシスコにおいて署名。
一九四五年十月二十四日必要の批准の寄託を得て発効。

われら連合国人民は、

われらの一生のうち二度まで、言語に絶する悲哀を人類に与えた戦争の惨害から、将来の世代を救い、基本的人権と、人間の尊厳及び価値と、男女及び大小各国の同権とに関する信念を再び確認し、正義と、条約及び国際法の他の源泉から生ずる義務の尊重とを維持することのできる条件を確立し、且つ、一層大きな自由の中で社会的進歩と生活水準の向上とを促進すること、

並びにこのために、

寛容を実行し、且つ善良な隣人として互に平和に共存し、国際平和及び安全を維持するためにわれらの力を合せ、原則の受諾と方法の設定とによつて、共同の利益の場合を除いては武力を用いてはならないことを確保し、すべての人民の経済的及び社会的発達を促進するために、国際機構を用いることを決意して

これらの目的を達成するために、われらの努力を結集することを決定した。

よつて、われらの各自の政府は、サン・フランシスコ市に会合して自己の全権委任状を示し、それが良好妥当であると認められた代表者を通じて、この国際連合憲章に同意したので、ここに国際連合という国際機構を設けるものである。

オ一章　目的及び原則

オ一条　国際連合の目的は、次の通りである。

一　国際の平和及び安全を維持すること、そのために、平和に対する脅威の防止及び除去と侵略行為又は他の平和破壊の鎮圧とのため有

—1—

国連憲章　1945年

ここでは、まず日本本土（以下、本土と略）とは様相を異にした沖縄の労働運動および社会運動の実態とその特質を一九四五年から四七年の時期に絞り考察にする。

まず何よりも留意するべきことは、本土の占領は実質的にはアメリカ合衆国の単独占領の性格を色濃くもっていたにせよ、あくまでも形式的には「連合国の占領」[1]、すなわち米・英・ソ・中（中華民国）などを中心とした占領だったということである。これに対して、沖縄の占領は当初から米軍によるものであり、それは軍政府による直接占領という性格を有していた点が指摘できる。

また、米軍は沖縄戦開始当初より、沖縄全体を対日本の攻略作戦の前進基地として位置づけていた。加えて戦後における占領政策でも、米ソ冷戦の開始によって本土以上に米軍の軍事的必要性を優先する視点が貫かれていたのである。

本章では沖縄占領開始直後から一九五一年までの労働運動および社会運動について、いわゆる米国の占領政策が本土で「逆コース」を迎える前後の二期に分けて考察する。その前に、戦前の沖縄における社会および労働運動の状況について概観しておきたい。なお、ここでは戦後の運動に関連する必要不可欠な範囲にとどめておく。

1　戦前の沖縄における社会労働運動

（1）県外出稼ぎ労働者の運動と結びついた労働運動

戦前の沖縄社会では、明治政府による「琉球処分」[2]と「旧慣温存政策」[3]により、日本資本主義への包摂と近代的な社会制度の浸透が本土以上に遅れた。しかしながら、日清戦争や日露戦争などを契機とした日本の産業革命の進展、他方での沖縄社会における狭隘な労働市場の状況は、第二次産業が集中する阪神・中京・京浜地区を中心とする本土への大量の出稼ぎ労働者層を生み出すことになった。

さらに、第一次世界大戦後の好景気から戦後の恐慌、その後一九三〇年代まで続く慢性的な不況は、県民生活を「ソテツ地獄」[4]と呼ばれるほどの悲惨な状況に突き落とした。荒廃した農村からは、本土、ハワイ、そのほか海外移民あるいは出稼ぎ労働者が激増し、特に京阪神圏への出稼ぎは圧倒的なものとなった。

こうした出稼ぎ労働者たちは、のちに沖縄への帰郷後、労働運動などに積極的な役割を果たすものも一定存在した。浦崎康華[5]によれば、一九二〇年代の沖縄の社会運動は三つのグループによって推進されたという。一つは比嘉春潮[6]を中心とした小学校教員、文学青年らの社会思想研究のグループ、もう一つはアナーキストのグループ、三つめは山田有幹[7]を中心とした社会科学研究のグループである。また、この当時沖縄県民による労働運動は、おもに出稼ぎ労働者の組織化（沖縄県人会への結集）と、本土から沖縄へ帰郷した労働者による地元の運動組織を中心として展開されていた。とくにこうした取り組みの中での井之口政雄[8]による関西沖縄県人会の結成は、当時沖縄でいわゆる科学的社会主義を研究していた赤琉会[9]のメンバーが中心であった。

一方、非合法組織として一九二二年に結成された日本共産党による合法的な青年組織結成の提唱を受けて、沖縄でも大衆的・階級的な社会運動を目指す青年組織が結成された。松本三益[10]は二三年一一月に井之口政雄の指示で沖縄に帰郷し、大阪の赤流会の活動家や地元の青年活動家たちと交流を深めた。やがて、井之口や関西そのほかで無産者運動に参加していた山田らとともに、新聞記者、教員、印刷工、樽工、大工、左官、会社員など二〇〇名が結集し、二六年三月一四日に那覇市公会堂で沖縄青年同盟を結成した。

この沖縄青年同盟の発足は、出稼ぎ労働者の差別待遇問題をはじめ、沖縄の青年労働者が抱えていた諸問題に取り組む本格的な階級的青年団体の誕生を意味し、合法的な階級的青年組織の設立が進行したことの表れでもあった。

このような社会運動の発展のなかで、沖縄における戦前の合法的な無産運動の機関誌である『無産青年』『無産者新聞』の支局開設（二六年四月）、労農党那覇支部の結成（二八年二月）等がなされた。そして、二八年二月の第一回衆議院普通選挙に際し、井之口政雄が労農党公認で立候補（なお井之口は那覇市に共産党細胞を組織したうえで立候補）するのである。

また、学校教員を中心とした労働運動も開始され、二七年八月にはおもに沖縄青年同盟の活動家や小学校教員により沖縄社会科学研究会が結成された。さらに三一年一月には、沖縄の教職員からなる沖縄教育労働者組合（OIL: OKINAWA INSTRUSTO LABORISTO）が結成された。

これら一連の取り組みは、全国的な労働運動の取り組みのなかでも沖縄の労働運動を特徴づけた。すなわち、知識層、エリート層としての学校教員の存在ということである。のちに沖縄で警察当局に検挙された「赤化教員」は長野県に次いで多かったが、これは教員がいわば「知的エリート」として、戦前のみならず戦後の沖縄の労働運動の指導層を構成することにもつながった。

しかしながら、かかる沖縄の社会労働運動は、本土と同様ことごとく弾圧された。二九年における社会科学研究会への弾圧、「四・一六事件」、三七年一二月の第二次社会学研究会への弾圧などがそれである。また、三一年には沖縄教育労働者組合への弾圧事件、また先島での八重山における教育労働者組合への弾圧・解体などにより、戦前における沖縄の労働運動はほとんど解体状態にあった。

女性運動の萌芽

一方、治安警察法などで公的な場での政治行動を封じられていた[11]沖縄の女性たちは、一切これらの社会労働運動には関与していなかったのだろうか。

安仁屋政昭の研究では、一九二八年三月には本土での国際婦人デーの取り組みに呼応する形で、那覇市公会堂での婦人解放大会が開催され、ここでは遊郭の女性が発言するなどの行動がなされたとされている[12]。このとき、大会に参加した松本は、遊郭で働く女性の発言に感動し、労農党への入党を進めたが断られたなどのエピソードを安仁屋との対談で披露している。

こうした取り組みは、沖縄における自覚的な婦人組織の結成にまで至らなかった。というのも、その後の特高警察の弾圧、また依然として女性の政治参加の権利が極度に制限されていた状況が続いていたからである。

しかし、こうした取り組みに参画していた活動家は、のちに戦後の占領下における沖縄の労働運動、また祖国復帰運動の指導者としても活躍することになる。

2 日本本土の民主化と沖縄「民主化」の相違および労働政策

（1）ＧＨＱの占領政策の一般的性格

沖縄における占領政策とその概略について述べる前に、まず本土の占領政策の特質について概観しておきたい。

米・英・中三国共同宣言（のちにソビエト連邦も署名）による「ポツダム宣言」[13]および一九四五年一〇月四日の人権指令[14]などで経済の民主化、労働運動の重視政策の具体化も進んだ。労働組合法、労働関係調整法、労働基準法の制定がそれである。

（2）沖縄における占領政策の内容と特徴

本土の占領政策は連合国によるポツダム宣言の具体化という形で進行した。しかし、沖縄に対する占領政策はこれとは大きく異なっていた。これに関して近年の研究では、沖縄の占領政策について米国政府内部で本格的な検討がなされるのは、沖縄戦が契機であったとする説が有力である。それでは、米国政府内部において沖縄占領政策はどのように検討されたのであろうか。

天川が指摘するように、沖縄の占領は「アメリカの占領」とでもいうべき性格を有していた。沖縄における「ニミッツ布告」[15]の発令がまさにその象徴で、「南西諸島およびその近海の住民の対するすべての権限と行政責任を軍政長官に帰属すること、日本帝国政府の権限の停止を宣言すること、米国海軍軍政府の樹立（同年四月五日：沖縄県読谷村）」というものだった。

なお、このとき米軍政府が出した軍政施行の目的は以下のようなものであった。

「a戦闘部隊が非戦闘員の世話にかかずらうことなく、最大限に戦闘に専念できるようにすること、b国際法上の規定に基づいて、非占領地域の住民に人間として生きる上での必要最小限の救護措置を講じてやること、c可能な限り非占領地域の経済的自立を図って、米国本国の財政的負担の最小限に抑えること」[16]。

こうした本土との占領目的との違いは、必然的に現地での統治政策に質的な差異をもたらした。まず、本土でいわゆる昭和天皇の終戦の詔勅が流された四五年八月一五日には、現地沖縄県民の統治機構として「沖縄諮詢会」が設立されたが、米軍政府の文字通り「諮問機関」であり、避難民の旧居住地への移動、食料や資材の迅速かつ公平な配給確保にとどまるなど、それ以上の権限は与えられていなかった。そして翌年四六年一月二九日には、ＧＨＱ指令「若干の外郭地域を政治上、行政上日本から分離することに関する覚書」により、本土とは完全に分離され、軍政部による占領統治は継続されることとなった。さらには同年四月に発足した「沖縄民政府」もまた、戦前の元沖縄県議会議員と米軍政府によって選出された補充議員により構成されており、住民によって選出された自治的な行政機関とは到底言えないものであった。

なお、発足前の三月には貨幣経済が復活したが、県民は米軍政府に統制された低賃金、また物価統制下におけるいわゆる「ヤミ物資」の流通と物価高騰によって苦しめられていた。さらに、四六年九月に行われた戦後初の沖縄における市長、市議会会議員選挙でも、本土のようないわゆる公職追放は実施されず、戦後の沖縄復興には戦前の沖縄における旧支配層が関与する形となった。

このように、沖縄における占領政策は米軍の軍事的必要性に基づくものであったため、県民の基本的人権への配慮や、戦前の統治機構の改革などは、これらの目的に反しない範囲での必要最低限度のものでしかなかった。しかしその一方で、民主化政策というＧＨＱの占領目的という視点からでは、本土に先駆けて女性参政権が認められたことも特筆すべき点であろう(17)。

3　占領前期の沖縄における社会労働運動の黎明（一九四五〜一九四七）

（1）労働運動の萌芽—自然発生的な労働者の反抗・サボタージュの存在

それでは、このような状況下で沖縄にはどのような社会労働運動が存在したのだろうか。まず、労働者の運動がどのような形で発生したのか、その経済的背景をみていくことにしよう。当時の沖縄は、米軍政府による軍事占領の延長のようなものであった。県民に十分な生活物資が供給されているとはいえず、生活のために必然的に米軍政府の労務提供に駆り出されていた。その当時の状況を、前原穂積は以下のようにつづっている[18]。

米軍政府は、安価な労働力の調達機構をつくるために、一九四六年四月二日に発表した「基本的経済政策大綱」の中で「賃金等級」や「労務所」等の規定を設けた。この「基本的経済政策大綱」は、「沖縄に於ける貨幣経済の再建に当り沖縄に適用せられるべき軍政府の基本的経済政策」であるとされた。（中略）軍政府が賃金等級を決めるにあたって基準とした賃金額が、一九四四年（昭和一九年）という敗戦間際の、極度に低く押さえられた賃金額であったということは、たとえ「現在の諸状況を勘案」したとはいっても、戦後沖縄の賃金労働が徹底的な低賃金労働として再出発したことを如実に物語っている。統制経済制度のもとで、米軍政府の意を受けた沖縄民政府が口をからして農業生産物の供出を指示しても正常に出回らず、密輸品や米軍横流れ物資の闇価格が猛威を振るっていた。そんな情勢の中で設定された賃金の購買力を具体的に示すと、たとえば一二〇円月給では闇市場で、二〇本入り一〇箱詰めのアメリカ製たばこ一カートンしか手に入らなかったのである。

実際、米軍政府は通貨交換に続いて、賃金制度の確立、無償配給から有償での物資配給の実施に加え、四五年一〇月から住民を旧居住区へ復帰させた。その後は単純作業から熟練作業まで住民を大量に雇用する計画を立て、四六年五月一日からは出退勤無時間の記録を付け始めるなど、一定の労務管理の近代化をはじめた。しかしながら、その一方では故郷への帰還を希望する住民にはそれを許さなかった。[19] これらはのちの基地問題の淵源ともなる。

その後一九四七年二月一日に米軍政府が発令した米軍政府覚書三五号「沖縄人雇用及給料支給第二部」では、「沖縄労務者ヘノ食料給与トソレニ対スル給料控除」として「米国軍事当局或ハ米国人個人ノ雇用セル全沖縄人は重労務ニ従事セルモノト看做」された。さらに「一九四六年六月二五日付軍政府指令第二〇号ノ諸条項ニ従ヒ一日三〇〇〇カロリーヲ超ヘザル食料ヲ購入スルコト又ハ雇用側ニ購入シテ貰フコトヲ許可ス」として、年間一着の衣類の記事の配給または購入を許可された（なお、旧字体は新字体に書き改めた）[20]。

図表1　琉球諸島に対する米国政府援助

項目＼年度	1947	1948	1949	1950	1951
米国援助支出総額	11,700	17,101	27,752	51,988	39,631
1．経済援助総額	9,260	13,949	24,855	49,548	36,505
直接援助費（現金）					
琉球政府行政サービス	－	－	－	－	－
琉球政府公共事業	－	－	－	－	－
施設・財貨及び役務費	8,298				
食糧・穀物	140	10,700	9,484	9,144	13,237
肥料・種子	140	150	4,045	4,455	394
石油製品	120	120	936	1,531	1,335
工業建設資材	－	－	1,538	509	4,770
工業設備・備品	－	－	1,367	1,566	364
建設計画	－	－	774	18,997	12,455
車輛・部品	－	－	477	1,419	693
教育備品・教材	108	298	803	1,315	290
その他備品・役務・設備	160	1,471	1,974	6,470	2,176
運送費	434	1,210	3,457	4,142	791
技術援助	－	－	－	－	－
2．研修費（人事交流）	－	－	－	165	240
3．行政費総額	2,440	3,152	2,897	2,275	2,886
情報教育	140	165	273	415	349
民間雇用員給与	1,978	2,468	2,389	1,695	2,213
民間雇用員旅費	75	123	61	47	52
予備費	247	396	174	118	272

松田賀孝『戦後沖縄社会経済史研究』（東大出版会、1981年）16頁

では、こうした軍政下での労働者・県民の生活実態はどうだったのだろうか。

この当時沖縄の状況は、戦前に大都市が存在したところなどを中心に、その地区ごとに沖縄戦で生き残った住民たちが捕虜収容所に収容されていた[21]。収容所においては、いうまでもなく住民生活がほとんど米軍の配給物資

図表 2　合衆国政府の占領統治機構（1952年対日講和条約発効直後）

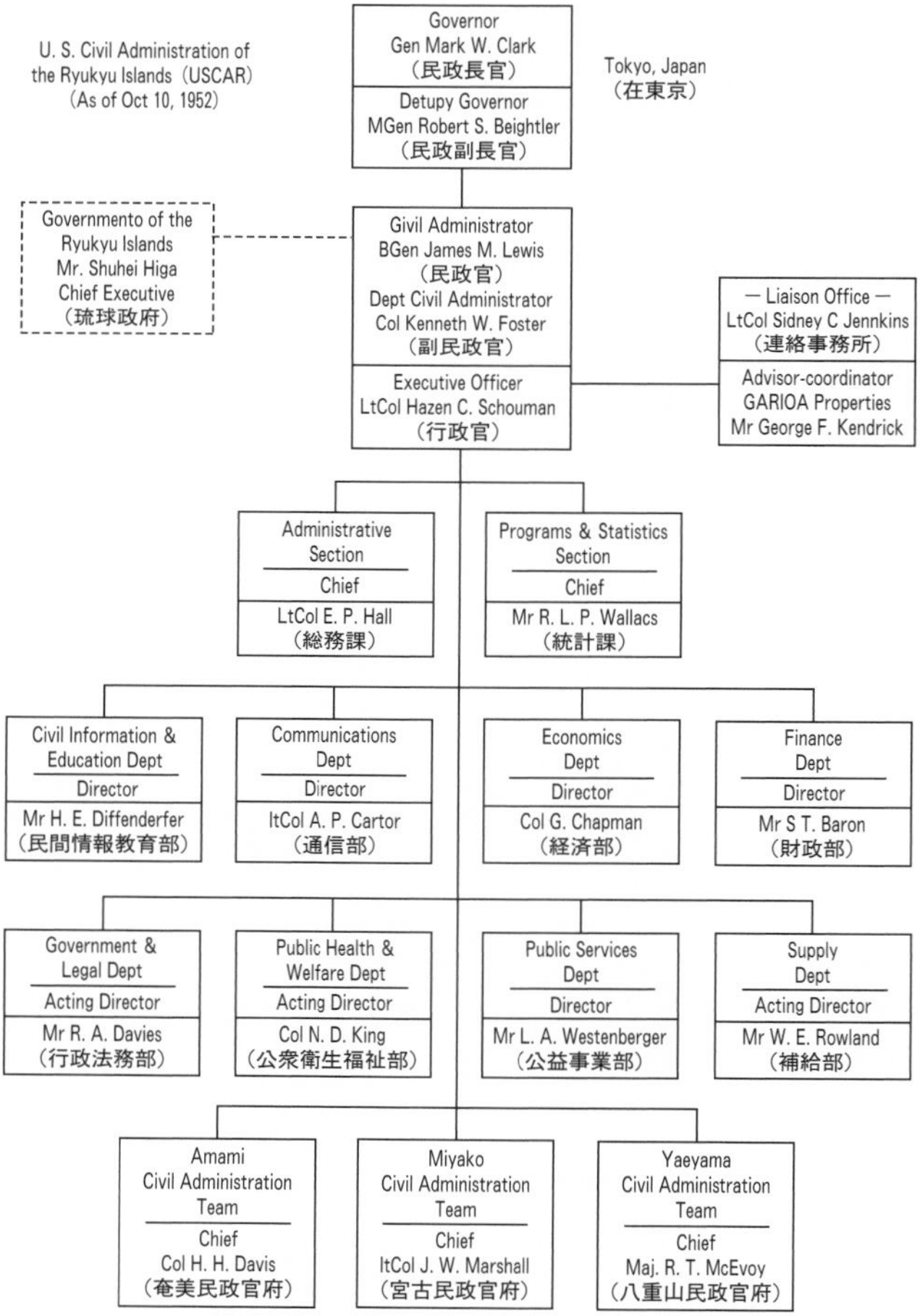
U. S. Civil Administration of
the Ryukyu Islands（USCAR）
（As of Oct 10, 1952）
Governor
Gen Mark W. Clark
（民政長官）
Detupy Governor
MGen Robert S. Beightler
（民政副長官）
Tokyo, Japan
（在東京）
Governmento of the
Ryukyu Islands
Mr. Shuhei Higa
Chief Executive
（琉球政府）
Givil Administrator
BGen James M. Lewis
（民政官）
Dept Civil Administrator
Col Kenneth W. Foster
（副民政官）
Executive Officer
LtCol Hazen C. Schouman
（行政官）
— Liaison Office —
LtCol Sidney C Jennkins
（連絡事務所）
Advisor-coordinator
GARIOA Properties
Mr George F. Kendrick
Administrative
Section
Chief
LtCol E. P. Hall
（総務課）
Programs & Statistics
Section
Chief
Mr R. L. P. Wallacs
（統計課）
Civil Information &
Education Dept
Director
Mr H. E. Diffenderfer
（民間情報教育部）
Communications
Dept
Director
ltCol A. P. Cartor
（通信部）
Economics
Dept
Director
Col G. Chapman
（経済部）
Finance
Dept
Director
Mr S T. Baron
（財政部）
Government &
Legal Dept
Acting Director
Mr R. A. Davies
（行政法務部）
Public Health &
Welfare Dept
Acting Director
Col N. D. King
（公衆衛生福祉部）
Public Services
Dept
Director
Mr L. A. Westenberger
（公益事業部）
Supply
Dept
Acting Director
Mr W. E. Rowland
（補給部）
Amami
Civil Administration
Team
Chief
Col H. H. Davis
（奄美民政官府）
Miyako
Civil Administration
Team
Chief
ltCol J. W. Marshall
（宮古民政官府）
Yaeyama
Civil Administration
Team
Chief
Maj. R. T. McEvoy
（八重山民政官府）

照屋栄一『琉球政府機構変遷図』32頁より　　　　1952.10.10現在

図表３　沖縄戦直後の人口ピラミッド

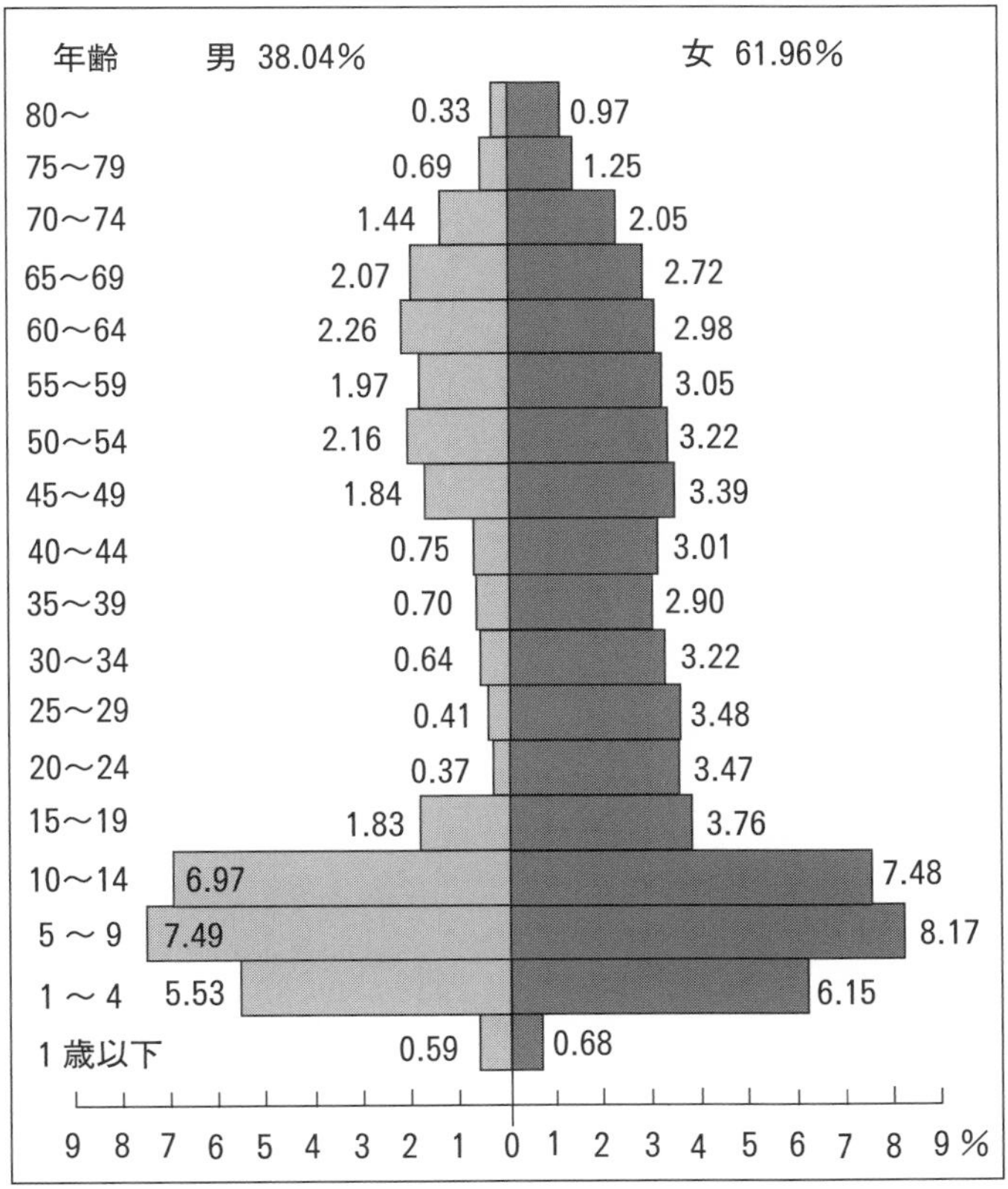

米海軍軍政府厚生部調べ（1945年８月）
（沖縄教育出版社『沖縄歴史現代編』より　出所：前原『検証　戦後沖縄の労働運動』11頁）

に依拠せざるを得ない戦時捕虜ともいうべき存在としての生活、あるいは軍事作業を手伝うことで配給物資を得るという形であった。さらに奄美大島、先島と呼ばれる宮古、八重山の住民は本土、そして台湾との密貿易船などをしながら生活の糧を得るという状況も存在した[22]（経済援助について図表1を参照）。

4 占領後期沖縄社会運動の軌跡（一九四八〜一九五一）

ここでは沖縄の占領初期のなかでも後期の運動について、とりわけ一九四八年頃から、サンフランシスコ講和条約が締結される一九五一年頃までの日本と沖縄の占領政策と沖縄の社会運動との関連で、その軌跡を明らかにすることを目的とする。このなかでは、サンフランシスコ講和条約発効後の社会運動につながる運動、とりわけ一九六〇年代に入り本格化する祖国復帰闘争につながる運動が、占領後期にどのように展開されたかについて中心に考察する。なお、講和条約の締結とその過程については、本稿ではあくまでも沖縄占領政策の確定に関連した点に絞って述べる。

（１）占領後期の沖縄社会運動を取り巻く背景

①一九四八年以降の沖縄を取り巻く国際的・国内的環境

一九四〇年代後半は、国際的あるいは国内的に見て、米ソ冷戦の進行と東アジア情勢の大規模な転換が存在した時期でもあり、日本本土および沖縄の占領政策との関連から考察すべき点は多々あるが、本稿の主題からはそれるため、必要最小限の部分について触れるにとどめたい。

米英を中心とした資本主義国と、ソビエト連邦を中心とした社会主義国との間における冷戦の進行に伴い、アジアにおいても朝鮮半島、中国大陸における両勢力の対立は激化した。朝鮮半島については、北緯三八度線の朝鮮半島南部において李承晩を主席とする大韓民国が一九四八年八月に成立した後、北部で金日成を内閣総理大臣とする朝鮮民主主義人民共和国（北朝鮮）が九月に成立した。また、中国大陸ではいわゆる国共内戦の後に中華人民共和国が成立し、国民党が台湾に移った。さらにソビエト、中国による友好同盟援助条約の締結（一九五〇年）があり、一九五〇年六月二五日の朝鮮人民軍の南侵によって朝鮮戦争が開始された。

日本では、一九四八年八月にロイヤル陸軍長官による「日本を反共の防波堤」演説、三月には連合国最高司令官総司令部（ＧＨＱ／ＳＣＡＰ）の経済局長であったウィリアム・Ｆ・マーカットによる日本政府へのスト禁止通告の覚書の発令、七月にはダグラス・マッカーサー連合国総司令部最高司令官（ＧＨＱ／ＳＣＡＰ）による芦田均首相宛書簡などで、日本本土における、いわゆる「逆コース」の政策転換が展開された。

これらの占領政策の転換と同時並行する形で、米国政府では日本占領終結後も、アメリカ合衆国の友好国としてその存在を生かすために、経済的・社会的に日本の安定を強化しておく必要があると判断していた。

さらにマッカーサーは一九四九年四月、いわゆる「経済安定九原則」、ドッジ・ラインに基づく政策を実行させた。そしてこののち、大量の失業者の発生が予想される状況下で、社会的な不安をかもし出すような、いわゆる「謀略事件」と呼ばれる鉄道事件が続発した[23]。これらの事件の被告はその後の裁判でことごとく無罪、あるいは被疑者死亡となり、しかもその真犯人は挙がらないまま終結した。だがこれらの事件の社会的影響によって、関連する労働組合が十分な取り組みができずクビ切りが強行されるなどの形で、労働運動自体―国鉄労働者、そして民間労働者のクビ切りに反対する様々な運動―などが押さえ込まれた。

本土の労働運動が、GHQによる占領政策の「逆コース」によってその影響力を低下させられていたこの時期、沖縄はどうなっていたのだろうか。まず、国際情勢の変化、とりわけ米国政府部内での政策転換からみていく。

②サンフランシスコ講和条約と沖縄の施政権分離をめぐる状況

アメリカから見たアジアにおける沖縄の戦略的価値については、すでに大戦中の一九四三年春ごろから、米統合参謀本部内で第二次世界大戦後必要とされる航空基地の検討がなされていた中で、その重要性が指摘されていた。そして、四五年一〇月の終わりにまとめられたJCS570/40の中で、沖縄は「米国とその属領、西半球、さらにフィリピンの安全のために不可欠で、軍事作戦の展開に必要な基地体系の中核となる『主要基地地域』」とみなされていた。[24]

一方戦後米国政府内部では、対日講和条約について以下の議論がされていた。すなわち当初国務省が出した講和条約の草案は四七年三月一九日付で提出されたが、それは日本が琉球列島、大東島、沖大東島に対する権利を放棄するというような内容であった。しかし、琉球列島の処遇に関しては明確ではなく、棚上げ状態になっていた。

その後、国務省政策企画部は、国務次官であったロバート・ロベット（Robert Lovett）に報告書を四七年一〇月一四日付で出しているが、軍事的防衛については、日本の完全非武装化を認め、そして米国は太平洋地域に十分な兵力を配備して日本に対する外部からの侵略を阻止する決意を示すべきだと述べている。そのためには沖縄や小笠原における軍事基地が特に重要だという判断をしている。すなわち、沖縄・小笠原諸島に引き続き軍事基地を置くこと自体はこの段階で判断されていたが、講和条約締結後も沖縄・小笠原の施政権分離の維持を国家方針の形式で決めるまでには至っていなかった。

米国政府内部の考え方としては、対日戦終結後も沖縄を一定程度分離する、ないしは分離して統治するということは検討されていたが、日本との講和条約締結後もアメリカ合衆国が沖縄の施政権を保持するということまでこの時点で確定していたとは言えない。しかしながら、当時国務省政策企画室長であったジョージ・ケナンは一九四八年初頭に日本を訪問する前に、ジョージ・マーシャル国務長官に対して文書を出し、「アメリカ合衆国は対外的にコミットしすぎている」、つまり関係しすぎていると述べ、「これをもっと抑えるべきだ」という趣旨の内容を述べた。そして、「日本とフィリピンはいずれ、米国の利益を保護するのに十分な太平洋安全保障システムの礎石となろう」とも述べた。

したがって米国政府総体としては、講和条約締結後に、日本を友好国として残しておき、そのうえで沖縄を安全保障上の要として位置づけていたということは言えるであろう。ただ、この段階では沖縄の分離保有と、そこにおける米国の単独施政権というのは必ずしも固まっていたとは言えない。これらが事実上覆るのは、次に述べる昭和天皇の「沖縄メッセージ」と、その取り扱いをめぐる動きが米国政府内部で本格化してからである。

③昭和天皇による「沖縄メッセージ」と沖縄の施政権分離

一方当時の合衆国軍部は、沖縄戦によってその対日戦における戦略的価値を新たにし、日本との平和条約締結後も沖縄の排他的な支配を考え、いわゆる戦略的信託統治を主張していた。[25]

ところが一九四七年一〇月半ば、国務省政策企画部が報告を国務省に出す前に、これらの代案とも言うべき文書が提出された。いわゆる昭和天皇の「沖縄メッセージ」[26]であるが、まずここでは「沖縄メッセージ」の第一メッセージの取り扱いについてとりあげる。[27]

政策企画部は、琉球列島の処遇については、軍部が主張した戦略的信託統治よりも、「沖縄メッセージ」を代案として検討することを勧告した。そしてこの後、ケナンは東京で三回ほどマッカーサーと会談をした後、両者は、沖縄は軍事的に見て米国にとって死活的に重要な拠点であるから、そこを押さえることができれば、日本の本土については講和条約が締結された後、米軍を駐留させる必要はないのではないかということで見解が大枠一致した。すなわち「沖縄メッセージ」については、沖縄に対しては主権の所在がどこにあるかということを明確にしなくても、形式的にはあくまで日本に残存させたうえで、アメリカ合衆国に貸与という形式にし、実態は米軍による占領という政治外交上の擬制（フィクション）を採用しようというのが大きな意義であったということである。

第二メッセージは四八年二月二六日に出され、ここでは沖縄を含めて、「南朝鮮、日本、フィリピン、そして可能ならば台湾を米国の最前線基地として選べば、東洋における米国の立場は鉄壁になるであろう」ということが述べられていた。

日本政府の側、とりわけ昭和天皇と側近たちにとって、沖縄はどう位置づけられていたのか。おそらく第一メッセージでは、米ソ対立と日本国内でこれらの、たとえばソビエトに占領されたようないわゆる共産主義革命に対して、米軍がこの危険に対処するということを期待する。第二メッセージでは、沖縄と日本を東アジアにおける米国の反共封じ込めの最前線基地として提供するということを、アメリカに対して申し出たかたちになったといえよう。

こういう経緯を経た後、四九年二月、国家レベルで沖縄基地の長期にわたる保有と本格的な方針をNSC13/2（5）で決定した。その後、国防省と国務省の間の議論を経て、対日講和に関する両省間の合意事項をまとめた覚書NSC60/1が、一九五〇年九月八日にハリー・トルーマン大統領によって承認された[28]。

その後最終的にはサンフランシスコ講和条約第三条で米国による施政権が確定した。これにより、日本本土との施政権分離は確定し、県民はその支配の下で長らく祖国復帰闘争により一九七二年まで占領支配の下で苦しむことになるが、その経緯はまた後述する。

（2）沖縄県民の生活状況とそれをめぐる運動

①食糧配給所閉鎖問題と沖縄県民の抗議運動

こうしたなか、米軍政府は一九四八年八月一七日突如指令を出し、八月二五日以降住民に対して食糧の配給を停止すると命令してきた。これは当時、米軍の港湾で作業をやっていた軍作業員たちが、劣悪な労働条件に満足できず、サボタージュを行うなどの状況が発生したことなどによるものである（人口構成は図表3を参照）。これに対し、米軍側は報復として軍の指示があるまで、各市町村売店などの閉鎖を命令した[29]。

これに対して、沖縄県民、各自治体、あるいは生まれたばかりの沖縄県民による各政党が共同して抗議の声を上げた。またその一方、当時の市町村長会で名護町長は事態打開のため以下の諸点を提案した。一つは従来どおりの労務者供出、二つ目は報奨制度の廃止、三つ目はフィリピン人の沖縄人労務者に対する酷使の改善（この時代、フィリピンから来ていた労務者が沖縄人の監督をしていた）、四番に軍水道の利用による便宜供与、五番目に港湾作業労務者の優先待遇、六番目は交代制を認可、七番目に食事の改善、八番目には請負制の導入、以上である。

その後、一と二については各市町村が責任を持つことで合意し、三項以降については、沖縄の民政府側が責任を持って、米軍政府との交渉を提案し市町村長会がこれを可決した。

②沖縄県民の社会労働運動の黎明

一方、こうした取り組みのなかで戦後発足した政党の一つである沖縄人民党[30]は八月二二日に、那覇市内で第二回目の党大会を開催した。しかしながら、食糧配給所閉鎖問題には十分な方針の策定と抗議運動が展開されたとはいえなかったようである。たしかに人民党の大会決議の冒頭に、即時食糧配給停止に関しては、これを「善処せよ」ということは掲げられていたが、人民党が具体的にどのような大衆運動の方針を決定し、食糧配給阻止とか、停止に対する抗議行動を展開したのかということについては不明である。[31]

さてこのころ、米軍政府は軍作業に携わる労働者（図表4参照）に対してどのような政策を出したのだろうか。まず賃金については、四九年一月二七日に賃金に対する制限撤廃を出し、二月一日付で一般雇用者と沖縄民政府職員に対する「最高賃金」についての法的な制限を撤廃した。その一方で、いわゆるヤミ市場での物品の価格が非常に高騰していたため、住民生活は非常な困難に直面した。また、公務員や教職員の中には生活困難なため、退職し軍作業に携わる者も出た。

消費物資のヤミ価格がスパイラルのように上昇していくなかで、米軍基地内部では、軍作業員や民政府の職員の給与は軍政府に決定権がゆだねられているため、非常に低い水準のまま固定されていた。

こうした劣悪な待遇の改善を図るため、米軍政府は軍作業員の賃金を倍加した。しかしながら、民間よりも高額とは言いがたい状況であり、基地のなかに特設売店を設置し、市場価格より安い価格で労働者に対して食糧や日用品といった物資を販売する、さらに沖縄民政府の職員

図表4　米軍政府労働局の構成

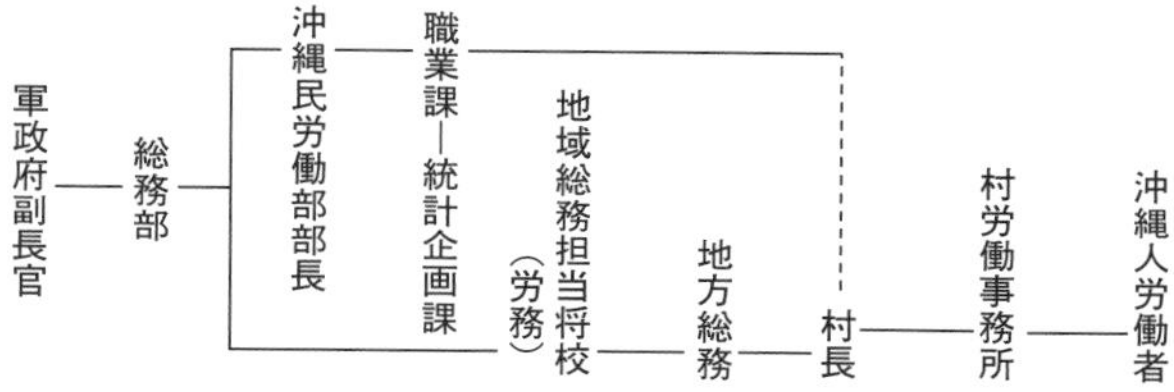

線は指揮・監督系統を示し、点線は技術指導、情報伝達及び管理を行う行政機関の系統を示す。『アメリカの沖縄統治関係法規総覧』（月刊沖縄社編）第4巻121頁より

に対しては、給与を三倍化するという政策を実行した。

一方、本土でも実施されていた「ガリオア」（GARIOA）援助[32]は、沖縄にも導入されていたが、食料品については価格が引き上げられ、住民の反発等でトラブルも発生した。GARIOAの資金については、一九四六年七月から第一回割り当てを決定して、以後、五七年度まで継続された。沖縄でもその後、一九五〇年代に入ってから、軍の新たな基地建設について、援助という名目で実際は基地建設に融資するというものも出た。

このころ、県民生活を悩ませていたもうひとつの要因はインフレであった。補給品の価格が一三倍になる、また配給された食料品が値上げされるということで、これがまたさらにヤミの市場価格が上昇するというインフレスパイラルを引き起こした。さらに、米の値段が五倍、小麦粉は九倍、砂糖は一六倍、大豆に至っては二六倍も暴騰するという事態が発生した。さすがにこれら配給品の値上げに対する反対運動が、沖縄で独自に結成されていた政党、政治勢力によって開始された。

（3）沖縄における社会運動の展開

①沖縄の政党状況と食料品値上げに対する抗議行動

当時、沖縄の政党には沖縄人民党（以下、人民党と略）のほかに、戦前の日本共産党の創設にかかわった一人である仲宗根源和[33]が組織した、「沖縄民主同盟」が存在した。その他に政党としては社会党（旧日本社会党とは別組織）が存在していたが、この三党で値上げ抗議の市民大会が四九年二月一六日に開催された。また、その年に各地区の市町村長が協議会総会を開き、値上げ反対の陳情団を組織し陳情に赴いた。また一方、沖縄民政府の議会である沖縄議会は議員二三人全員が総辞職をするという抗議をした。これは後に当時の民政府の知事を務めていた志喜屋孝信[34]が、和睦状を全議員に送ったことで撤回された。

人民党はこの間、大衆的な配給品値上げ反対闘争、また他党との共同闘争に取り組む一方で、拡大中央委員会を開催し、そのなかで「民族戦線」という一種の統一戦線的な組織の結成について方針を決定した。そして一九四八年の税金の課税問題について、当時人民党の書記長だった瀬長亀次郎[35]は、沖縄民主同盟、社会党と共同の戦線を提起し、今度の問題は沖縄民族対米軍政府であるとの判断を出した。さらに党として提案するスローガンとして、そこに一九四八年度所得の全免、憲法議会の設置を掲げた[36]。

人民党がこれらの綱領、スローガンを決定した後、四月一三日にはこの三党の懇談会が開かれた。さらに各市町村で共同行動の実施が決められ、延べ二万一〇〇〇人が合同演説会に参加するという高揚を示した。このなかでいくつかのスローガンが掲げられた。一つは知事・議会の公選と速やかな憲法制定、二つ目は一九四八年の所得税の全額免除、三つ目は自治体制を確立するまで軍の補給物資を増配、であった。これらのスローガンを掲げて、当面の行動としては共同声明の発表、演説会の開催、あるいは各様々な民主団体に呼びかけるということを実行した。

これに対して米軍政府は特別布告「刑法並に訴訟手続法典」を発布し、占領支配に対する人民党などの抗議への威嚇ともいうべき措置を実行した[37]。

沖縄では配給品の値上げ反対闘争と、三党による共同闘争が展開されていくなかで、アメリカ合衆国が「対日政策に関する国家安全保障会議の諸勧告」を出した。ここでは、沖縄およびその周辺の軍事地域についての軍事基地の拡充の目的で、一九五〇年度予算に当時の金額で五八〇〇万ドルを投入することが承認された。

②朝鮮戦争と沖縄米軍基地の拡張

朝鮮戦争が勃発したのは一九五〇年六月二五日であるが、すでに同年二月一〇日に恒久的な米軍基地の建設が発表されており、これに時期をほぼ合わせるように、日本の本土から軍事基地の受注、その他に対して測量とか設計担当の業者が基地建設の測量や設計などで次々と来訪した。いわゆる軍工事ブームの到来である。

一方、米軍政府の長官に新しく任命されたジョセフ・シーツ（Joseph Siets）は、この時期米軍基地建設工事に対して資金を拠出する一方、問題になっていた配給品、食糧品の値下げ、あるいは軍雇用者の賃金の引き上げを行った。(38) またシーツは沖縄民主同盟、沖縄人民党との会談で、概略以下のように述べて両党の動きをけん制した。

「沖縄の民政府は軍政府の政策を実施しているのだから、各政党は、民政府の施策を阻害するな、それから軍政府の政策に対する批判は、その意図を十分に知ろうとしないところに原因がある、つまり、軍政府の批判者は軍政府の意図が何であるかということを知ろうとしない、したがって各政党は大衆に演説する前にまず軍政府の施策を十分に知っておくことが必要である。また、軍政府が政党の登録を命じたのは民主主義国家においては、国民に認知されるために登録するのは通例だとした。そして最後に労働組合の運動には反対しないが、官公吏、これは沖縄民政府の公務員であったり職員であったり、あるいは軍工事に従事している者の組合は工事の急速な完了のために認可できない。米軍政府は沖縄のためにあれこれやっているのだから、各政党はその意図を知らないで勝手に動くな」というものであった。(39)

その後、北朝鮮の朝鮮人民軍の南侵によって朝鮮戦争が勃発すると、嘉手納基地を爆撃機B29の発進基地にし、住民に対する灯火管制の強制などを行った。そして違反者はたちまち米軍政府によって逮捕されるなどの事件が発生した。なお朝鮮戦争については本土で在日朝鮮人によるサボタージュなどの運動が展開されたが、沖縄の革新勢力や労働運動がどのような大衆行動を展開したかについては不明な点も多い[40]。

③沖縄群島政府選挙と米軍政府の動向

一方、同月三〇日に、米軍政府は住民の自治機関、政府として特別布告三七号「群島政府知事および議員選挙」を公布した。

これは「琉球列島内における代議政体の発達を進歩せしめるのが軍政長官の目的なるが故に、また琉球列島住民が自力により民主主義の根本的概念および自治政体の責任を啓発する願望と意思ある事を表示したが故に……」という目的で、奄美大島を含む各群島で知事と群島議員を選出するものであった[41]。このとき、人民党はこの群島知事選挙に瀬長亀次郎書記長の立候補を決定したが、本島ではこの他に松岡政保[42]と平良辰雄[43]がそれぞれ立候補した。松岡は沖縄民政府の工務部長をしていたが、彼は各市町村長、あるいは仲宗根源和が組織した沖縄民主同盟の支持を受けていた。一方、平良は民政府の農林省の総裁を務めており、当時の沖縄の実力者と呼ばれる五人グループのような組織を代表して立候補するということで、この三候補が沖縄群島知事選挙の候補者になった。

このとき瀬長の公約には、「人民自治政府の樹立」と憲法議会の設置がうたわれたが、これもいわゆる独立論とは異なり、いわば住民の自治政府を樹立するという位置付けで、「沖縄独立論」とは人民党自身も明確にはしていない(44)。一方、松岡は「軍政府に対して民意のあり方を率直に進言し、軍民政治を一本化する」、また平良は「議会政治を確立し、全琉球統一政府の実現」を公約に掲げた。

知事選挙の結果は、投票率が八八・八%、ほぼ九割近くの有権者が足を運び、平良辰雄が一五万八五二〇票を獲得し当選、松岡は六万九五九五票、瀬長亀次郎は一万四〇八一票で落選した。なお瀬長は、「玉のようにけがれなきもので心から感謝する」との談話を出した。

一方、宮古群島それから八重山、奄美群島でもそれぞれ群島知事選挙と群島議会選挙―八重山群島では安里積千代(45)が当選した―がほぼ同時期に行われた。一方、群島議会の議員選挙は九月二九日に行われ、平良の支持者が定数二〇のうち一五議席を獲得した。そして、与党として後述する社会大衆党が結成され、平良は初代委員長に就任した。なお沖縄人民党は瀬長が一議席を獲得し、沖縄独立を掲げる共和党は三議席(沖縄民主同盟が解消された後に発足した政党)を獲得した(後に消滅)。

このころ、ほぼ同時期に戦前の沖縄における無産運動家真栄田一郎の墓地の前で、二五人の人民党員が参加し、戦後の沖縄初のメーデー記念行事が実施された。

④沖縄社会大衆党の性格

ここで社会大衆党の結成とその性格についてふれておこう。この政党はもともと、当時、沖縄の民政府が存在した知念村（現南城市）に民政府が存在した時点に、政治問題、天下国家を論じる沖縄の若者たちのグループから発生したとされ、西銘順治(46)、池宮城秀意(47)などの参加者が存在した。なお同党の指導部を構成していた人物は、教職員、農家の有力者、また戦時中の沖縄県の指導者、官僚、あるいは右翼的な社会民主主義者などが多かったが、その一方で戦前の労働組合運動の経験者や進歩的な社会運動に参加した活動家層も加わっていた(48)。

次に社会大衆党の性格であるが、結党前から労働者階級の解放を目的とする階級政党か、それとも国民政党かという議論が存在した。結局、綱領では「ヒューマニズムを基底とし、個々の利害に捉われず、住民全体の調和と統合とを実現するための国民政党」と自らを規定し、国民政党であることを明確にした。ただ結党時において、いわゆる祖国復帰に関してはいかなる方針を持っていたのかは定かではない。当初の綱領では「国際正義に基づく新琉球の建設」がうたわれていたが、「祖国復帰」が明文化されるのは沖縄県祖国復帰協議会が形成される一〇年後の一九六〇年であった。

なお党名については、池宮城秀意が、「ヒューマニズムを拠りどころとするのだから、……社会大衆党としたらどうか」と提案したことから決定されたといわれている。[49] しかしながら、当時の段階で「沖縄」を付けていたかどうかは明白ではない。

このように、沖縄社会大衆党にはその綱領、政策ともにきわめて曖昧な側面が存在したが、県民のさまざまな具体的な要求、たとえば後に六〇年代から本格化する祖国復帰運動等、県民の要求に応じて人民党（後の共産党）、あるいは他党と協力・共闘し合って戦う側面を持っていた。しかしながらその一方で、米国民政府による弾圧・懐柔政策がさまざまにとられると、それには妥協したり揺れたりするという性格ももっていた。それは社会大衆党のもともとの性格自体から必然的に生じるものだったといえなくもない。すなわち、人脈的にはさまざまな思想傾向の人物が――穏健な社会民主主義者から人道主義者まで――合流して結成されたという面で、沖縄県民の要求に基づき戦闘的に戦う側面と、その時々で米軍の弾圧が激化する、あるいは懐柔政策にでると、これに動揺したり、妥協したりするという側面である。この沖縄社会大衆党の動揺性は、その後の大衆運動でもいわば占領支配に対する抵抗運動の「アキレス腱」になった。

（4）対日講和条約と沖縄の社会運動

①サンフラシスコ講和条約と沖縄の社会運動

続いて、対日講和条約と本土復帰運動、沖縄の革新勢力の対応について述べる。

一九五〇年一一月二四日に米国政府から対日講和七原則が発表され、沖縄については米国を施政権者とする国連の信託統治、あるいは二番目、「国連軍」が実効性をもつまで米国等、特定国との軍隊駐留条約を認める。三つ目、対日賠償請求権の放棄、それから四つ目、日本の国連加盟等々、これが出された。そして沖縄に関しては、日本国は合衆国を施政権者とする琉球諸島および小笠原諸島の国際連合信託統治に同意するという方針が出された。そして地元では群島政府が五〇年十一月四日に発足するが、沖縄はやはり日本に戻すべきだということで、日本復帰要請決議を行った。

それに対して、東京の極東軍総司令部は「琉球列島米国民政府に関する指令」(50)を一二月五日に発令した。これはそれまでに琉球列島軍政本部とされていたのを、「琉球列島米国民政府（United States Civil Administration of the Ryukyu Island＝USCAR）」に改称し、その責任者はあくまで形式的には極東軍総司令官が持つということで、現地の司令官、軍政長官は「琉球列島米国民政府民政副長官」という役職名でその下に置かれた（図表2参照）。

一方、行政に対する米国政府の方針は、軍事的必要の許す範囲において、住民の経済的ならびに社会的福祉の増進を図ることであった。すなわち住民のために占領政策を実施するのではなく、沖縄の米軍基地の円滑な推進、それから軍事戦略展開のために占領政策は存在するのであって、住民の経済あるいは社会的福祉については「必要の許す範囲において」ということが確認された。

こういう状況下で、群島政府は住民の直接選挙によって選出された民主的な住民の自治政府であるはずが、米軍側が「琉球臨時中央政府」を発足させ、主席の行政官に民政府官房長だった比嘉秀平[51]を五一年四月一日に任命したことで、その性格は一変した。発足したばかりの群島政府は消滅し、その主席行政官が任命制度という形態で、ＵＳＣＡＲの下に置かれることになった。

②日本復帰運動のあけぼの

このころ、人民党と社会大衆党、社会党との間で日本復帰運動が共同で展開されることになり、人民党は全面講和要求と信託統治反対を五一年一月の拡大中央委員会で決定した。そのなかで、「沖縄の解放は反帝闘争であり、方法として日本復帰を叫ぶ」ことが決められた。[52]

一方、社会大衆党、社会党、それから共和党の三党に対しては、人民党から講和問題に関する四党会談の開催と共同闘争の呼びかけが二月一日に決定され、一六日と二一日にそれぞれ四党会談が開催された。しかし、人民党が「全面講和・日本復帰」、社大党が「日本復帰」を掲げたのに対して、共和党は「琉球独立」というスローガンを掲げた。(53) さらに社会党はアメリカの世界政策を支持するという立場から信託統治を主張し、結局四党の共同闘争は物別れに終わった。

その後人民党は三月一八日に那覇市内で臨時党大会を開き、公式方針として日本復帰実現のための統一戦線決定の方針を打ち出した。それらと併せて、人民党は共同戦線、「日本復帰の実現へ一致するものであれば、政党、団体、個人の如何を問わず、われわれは、共同戦線を展開しよう」ということで、実際、三月二五日には社会大衆党に対して共闘の申し入れを行った。しかし、翌月七日に社大党はこれを拒否した。その後人民党は四月に入ってから本島で演説会を開催し、延べ五〇〇〇人が参加した。一方、群島議会は一九日に琉球は日本に帰属するということで、日本帰属決議を議決した。

社大党は、日本復帰促進期成会を結成することにようやく四月一二日に賛意を示し、その準備会が四月二四日に行われ、二九日には那覇市内の那覇劇場で日本復帰促進期成会結成大会が行われた。しかしながら、「我々は、全面講和や基地提供反対等の主張をせず此の運動を単に琉球の帰属問題に局限する」ということで、この趣意書自体は講和問題あるいは軍事基地の問題については触れなかった。あくまで沖縄の帰属問題だけに限定するというかたちで、要求が絞られた統一戦線組織的な組織がこの段階で結成された。

この期成会の役員は、人民党あるいは社大党からそれぞれ、あるいは実行委員は各市町村から出され、五月二〇日から各市町村ごとに全有権者を対象とした復帰運動、署名運動が展開された。この結果、満二〇歳以上の該当者、二七万六六七七人中七二・一％の高比率で、短期間に一九万九三五六人の署名が集約された。

島ぐるみの日本復帰運動の高揚にもかかわらず、結果的にこれらの署名、住民運動を裏切るかたちでサンフランシスコ講和条約が調印され、一九五二年四月一日には琉球政府が発足した。最後にその過程で、米国民政府が布令を出し、「琉球政府立法院議員選挙法」を五一年一二月一八日に公布した。これは議員定数を三一名として、沖縄を八地区に分ける中選挙区制、満二〇歳以上の者は選挙権、二五歳以上の者は被選挙権というかたちで、三月二日に施行された。

その前年の五一年一二月二九日と三〇日に沖縄人民党は第五回の党大会を開き、ここで党名を「琉球人民党」に変更した。これは奄美群島が結局、琉球政府の統治下に含まれるということで、奄美大島に存在した奄美社会民主党などが合流したことなどによるものである。そのときに琉球人民党が決めた行動綱領は、ポツダム宣言の厳正実施、米国による信託統治反対、単独講和反対、それから完全自治の獲得などの行動綱領を決定し、選挙に臨むというものであった。またその一方、米国民政府が布令で設立した琉球政府に対しては、アメリカの植民地化の道具であり、信託統治への第一歩だということで、反対という方針を掲げた。しかしその一方、全面的に拒否するのではなく、立法院を住民の自治を勝ち取る戦いの一つの武器として議員選挙については、むしろ積極的に戦うという方向で確認した。

この時期の社会運動の動きであるが、一番大きな動きについては、たとえば食糧の配給品の値上げに対する反対運動、日本復帰の沖縄人民党と社会大衆党初のいわば統一行動と呼べる運動が存在した。このほかに真和志村（現在の那覇市）で住民が米軍の基地を拡張するということで立ち退き通告を受けたが、この通告に対する反対の陳情運動が行われた。

なお、労働三法については一九五二年以降に労働三法制定の運動、およびそれにつながる労働争議の動きは五二年以降に本格化する。これについては後述する。しかしながら労働組合自体の組織化の動き、四〇年代後半から五〇年代の初頭にかけてどのような動きがあったかについては、まだこれも明確にされていない。[54]

むすび

最後に占領前期と後期を含めた、一九四五年から五一年ごろの沖縄の社会労働運動の特質について述べる。

まず本土の占領後半期（ここでは一九四八年から五一年）に日本本土復帰闘争の萌芽が見られたことが指摘しうる。後の六〇年代から本格化する祖国復帰運動については、人民党と社会大衆党のいわば超党派の統一戦線運動の黎明がこの時期に萌芽的に見られる。いってみれば、後の六〇年代になって本格化する沖縄県祖国復帰協議会の、いわば占領後期版といえるのではないか。

しかしながら、この当時の復帰運動の中心となった政党には往々にして弱点も存在した。すなわち政党自体が議員党的な性格と、ある特定の個人のカリスマ性などに依拠したようなかたちで存在していることである。したがって、内部の有力な指導者を何らかの事情で失った場合、組織自体が自然消滅に近い状態で崩壊するか、運動自体が衰退化していく。これはやはり、この時期の沖縄の政党などが理念ないしは政治的イデオロギーに基づく、あるいは確固たる綱領や方針などによって結集するのではなくて、むしろ人が集まってできるというような、そういう本質に由来する弱点が存在したのではないか。

最後に、一九五〇年代に入り基地拡張工事が本格化するにつれ、これらの作業場での自然発生的な労働組合、あるいは労働者の軍作業の場におけるサボタージュが存在した。ただ、それが必ずしも労働組合の結成とか、それからナショナルセンターの組織化というふうになっていくようなかたちには結びつかなかったという点で、組織的労働運動についてはこの時期はまだまだ未成熟だったともいえなくもない。しかしながら、労組の組織化自体は宮古、八重山でもみられており、本島で不在だったとは考えにくい。この点は、一次史料の発掘を含め今後の研究課題といえるだろう。

また、一九五三年にいち早く本土復帰を実現した奄美諸島の復帰闘争が、どこまで沖縄のこれら闘争と連動し、影響を与えたのか、逆に言えば沖縄県民の運動がどのように有機的な影響を与えたのか、その相互関係を含め研究を深める必要があろう。

【注】

（１）天川晃「日本本土の占領と沖縄の占領」『横浜国際経済法学』第一巻第一号（一九九三年三月）参照。なお、天川は法的な枠組みを中心にとらえ、また一九九二年九月に沖縄県で開催された国際シンポジウムでも同様の見解を示し、沖縄の占領は一九五二年の対日講和条約の発効で終結したとの考えを示している。筆者はこれに必ずしも同意するものではないが、本土と沖縄の占領の質的な違いについては的確な指摘がされていると考え、あえてここで紹介した。

（２）一八七九年、明治政府は首里城に武装警官と軍人を乗り込ませ、琉球藩の廃止と琉球王国の解体を宣言し、時の藩王尚泰は首里城を明け渡した。ここに琉球王国は滅亡した。

(3) 琉球王国滅亡後も、明治政府は王国時代の古い慣習（土地制度、税制、旧支配層への俸禄支給など）を残した。この結果沖縄県の国政参加などは遅れた。近年の研究でも、沖縄の近代化を保留し続けたのは、明治政府の一貫した態度であったことが指摘されている。前田勇樹『沖縄初期県政の政治と社会』（榕樹書林、二〇二一年）一六八頁。

(4) 大正末期から昭和初期にかけて起こった恐慌を指す。当時県人口の七割が暮らしていた農村部では、極度の不況のためにコメばかりか芋すら口にできず、多くの農民が野生のソテツを食糧にした。ソテツは元来毒性を持つため、調理法を誤ると死に至る危険性があったが、それほどにまで疲弊しきった農村の状況を指してこう呼ばれた。女性の身売りが公然と行われ、関西、首都圏や海外へ出稼ぎに向かう農民が急増した。

(5) 浦崎康華：一八九七年生まれ。小学校卒業後、人力車夫、郵便局員などを経て社会主義思想に触れる。地元紙の琉球新報社に入社。沖縄最初の社会主義団体、「庶民会」の結成に参加。その後上京。大杉栄の主宰する労働運動社に入社し日本社会主義同盟の活動に参加。一九二二年に帰郷し沖縄日日新聞社に入社。戦後、高江洲市（現うるま市）助役に就任。後述する沖縄人民党の結党に参加。九四年六月に死去。

(6) 比嘉春潮：一八八三年生まれ。一九〇六年沖縄師範学校卒業。那覇市松山小学校校長から『沖縄毎日新聞』『沖縄朝日新聞』記者を経て、一八年に沖縄県庁に入る。民俗学者柳田国男に師事。沖縄の歴史と文研研究を推し進め、多くの若手研究者を育成した。また社会主義運動に深くかかわり、戦後は沖縄人民党の結党に参加し、『自由沖縄』を編集・発行。一九七七年に死去。

（７）山田有幹：一八八八年生まれ。県立中学校卒業後、代用教員を経て地元新聞の記者に。一九二一年那覇市最初の市会議員選挙に立候補し当選。二六年二月に松本三益らと沖縄青年同盟結成に尽力。三〇年五月の第二回普通選挙に労農同盟の候補者として立候補するも落選。沖縄戦ののち、石川市（現うるま市）に移り沖縄諮詢会の仕事を手伝う。その後、沖縄民政府の誕生とともに、玉城村（現南城市）に移り社会事業部長に任命される。一九七五年死去。

（８）井之口政雄：一八九五年生まれ。慶應義塾大学予科をへて同大理財科中退。一九二〇年に日本社会主義同盟に参加。翌年「水曜会」に参加。二三年に日本共産党に入党。その後、沖縄出身労働者を中心に関西の青年活動家をも加えて赤琉会を結成。二五年九月、日本共産党合法機関紙『無産者新聞』の記者となる。二八年第一回普通選挙に労農党公認として沖縄から立候補。戦後、日本共産党再建に参加。四九年衆議院選挙に兵庫二区から立候補して当選。沖縄人連盟関西地区委員。のちに沖縄復帰闘争を担う沖縄・小笠原返還同盟の活動に参加。一九六七年六月死去。

（９）赤琉会：沖縄県人出稼ぎ労働者の苦難を打開する戦いに挺身することを目的として発足。井之口政雄を最高指導者として、旧制第七高等学校出身の東大新人会メンバーが指導に当たった。これには、浦崎康華やＯＩＬの結成に参加した真栄田一郎らも加わった。

(10) 旧姓真栄田。一九〇四年生まれ。二二年三月阪神電鉄入社後、日本労働総同盟に加盟し、同年に勃発した阪神電鉄のストライキを指導。井之口政雄らと赤琉会を結成。二三年一一月に井之口政雄の指示で帰郷。二八年の普通選挙に際して井之口の選挙を支援。その後『沖縄労農タイムス』を発行し、無産階級運動に寄与。三一年に日本共産党に入党。三三年に検挙され懲役二年の判決を受ける。敗戦後、日本共産党の再建に参加。沖縄人連盟結成後は東京における中心的な活動家として機関誌『自由沖縄』の発刊に当たる。のちに日本共産党中央委員、党中央委員会顧問、名誉役員などを歴任。一九九八年七月死去。

(11) 治安警察法(一九〇〇年制定)は、二〇歳未満の女性の政治集会への参加を禁止していた(のちに緩和)。

(12) 安仁屋政昭『反戦平和の源流—近代沖縄の民衆運動』(二〇一九年、あけぼの出版)一八三頁。

(13) ポツダム宣言(一九四五年七月二六日) a軍国主義に基づいた権力と勢力の根絶、b新秩序の建設と潜在的戦争能力の破砕が確認されるまで日本を占領、cカイロ宣言に従い、領土を本州、北海道、九州、四国および周辺島嶼(ただし周辺島嶼の帰属は連合国が決定)に限定、d軍隊の武装解除と復員、e日本民族を奴隷化するものではないが、俘虜虐待者などの戦争犯罪者を処罰、f民主的傾向の復活・強化、g言論・宗教・思想の自由を含む基本的人権尊重の確立、h再軍備につながるものをのぞき、平和産業、外国貿易は許容、i日本国民が自由に表明する意思に従い、平和的かつ責任ある政府が樹立されたとき、占領軍は撤退する、である。

（14）治安維持法などの廃止、政治犯の釈放、特高警察職員・内務大臣・警察部長などの罷免。なお、一〇月一一日に出された五大改革指令では、a婦人解放、b労働組合の助長、c教育の自由化・民主化、d秘密的弾圧機構の廃止、e経済機構の民主化を指示した。

（15）米国海軍軍政府布告第一号（四五年三月二六日発令）。チェスター・W・ニミッツ提督によって、慶良間列島の阿嘉島・座間味島上陸後に出された。布告の冒頭には、「日本帝国の侵略主義並びに米国に対する攻撃ノタメ、米国ハ戦争ヲ遂行スル必要ヲ生ゼリ」「是等諸島（南西諸島）ノ軍事的占領及軍政の施行ハ我が軍略ノ遂行上並ニ日本ノ侵略力ノ破壊及日本帝国ヲ統括スル軍閥ノ破滅上必要」などと明記されていた。

（16）大田昌秀『沖縄の挑戦』（恒文社、一九九一年）二五一頁。

（17）沖縄諮詢会そのものは米軍政府の諮問機関としての権限しか与えられなかったのは事実であるが、女性参政権については賛成多数でこれが実現された。なお、女性の候補者としては知念地区から大城つる（のちの沖縄婦人連合会第二代会長）が立候補したが落選した。神山幸子「基地と女性」（『歴史評論』一九九四年五月号）。

（18）前原穂積『熱きこころで―労働組合運動と社会福祉活動に生きて』（私家版、二〇〇五年）四四～四五頁。

（19）沖縄県教育庁文化財史料編集班『沖縄県史各論編第七巻現代』（沖縄県教育委員会、二〇二三年）八一～八三頁。

(20)「軍指令及一般文書」R00000481B(沖縄県公文書館所蔵)。
(21)軍政の展開については大城将保『琉球政府』(ひるぎ社、一九九二年)を参照のこと。
(22)軍政下の沖縄と奄美社会、およびいわゆる密貿易の状況については以下の著作を参照されたい。
石原昌家『戦後沖縄の社会史』(ひるぎ社、一九九五年)、佐竹京子編著『軍政下奄美の密貿易』(南方新社、二〇〇三年)。なお、奄美諸島の占領と復帰運動は後述。
(23)下山事件とは、一九四九年七月に当時の下山国鉄総裁が、電車の轢殺死体となって発見された事件である。さらに同じ年に、国鉄中央線の三鷹駅で無人電車が暴走するという事件が起こる(三鷹事件)。さらに同じ年の八月には、これは福島県松川町で列車の転覆事故が発生し、その容疑者として東芝の整理解雇に反対し、たたかっていた労働者及び共産党員が逮捕された(松川事件)。これらの事件をめぐっては今日に至るも真犯人は明確にされてはいないが、本稿では立ち入らない。この問題に関する著作として伊部正之『戦後謀略事件の背景と下山・三鷹・松川事件』(三鷹事件を語る会、二〇〇六年)参照。
(24)明田川融『沖縄基地問題の歴史』(みすず書房、二〇〇八年)一〇二〜一〇七頁。
(25)戦略的信託統治:国際連合の信託統治が行われる場合、通常の信託統治と戦略的信託統治の二種類に分かれる。信託統治そのものは、元来十分自立し得ない地域の施政国に任せる制度で、その区分は国連憲章七七条で(a)現に委任統治の下にある地域(b)第二次世界戦争の結果として敵国から分離される地域（c）施政について責任を負う国によって自発的にこの制度の下におかれる地域、の三つに分類される。ただし、これらのなかで戦略地区（戦略的信託統治の下に置かれる地区）に指定された地域は、安全保障理事会の監督の下におかれ、信託統治協定の締結、追加、修正などの承認は安全保障理事会が行う。また国連総会への報告書の提出義務も免除され、当該地域の住民の請願も制限できるとされている。外務省外交資料館日本外交史辞典編纂委員会『日本外交史辞典』（大蔵省印刷局、一九七九年）四一一〜四一二頁及び四四一〜四四二頁。

(26) 天皇メッセージについては、明田川前掲書を参照。明田川はそのなかで天皇の第一メッセージと、第二メッセージという二つのメッセージを取り上げ、その背景をこう述べている。「昭和天皇ならびに宮廷グループは、就任いらい積極的に連合国要人と接触を重ね、講和・安全保障問題に関する外務省当局の意見を伝えようと〝外交〟を展開する芦田外相に対抗するかたちで、米国外交当局者に彼らの意思を伝え、また逆に相手の動向を探り得る経路づくりに余念がなかったのである。」（明田川前掲書、一一九頁）

(27) 「天皇がさらに思うに、アメリカによる沖縄（と要請があり次第他の諸島嶼）の軍事占領は、日本に主権を残存させた形で、長期—二五年から五〇年ないしそれ以上の貸与をするという擬制」—これはフィクションというが—「この上になされるべきである。天皇によれば、この占領方式は、アメリカが琉球諸島に恒久的意図を持たないことを日本国民に納得させることになるだろうし、それによって他の諸国、特にソヴィエトロシアと中国が同様の権利を要求するのを差し止めることになるだろう」。これが出された。明田川前掲書、一二一〜一二三頁。

(28) 政策企画部としては天皇の第一メッセージを重要視し、軍部が主張するような、いわゆる信託統治よりはこちらのほうが重要ではないかということを勧告した。この天皇のメッセージの伝達経路は当時、宮内省の御用掛を務めていた寺崎英成から、ウィリアム・シーボルト(William Siebald)占領軍政治顧問部に伝えられ、ここからマッカーサー、あるいはアメリカ国務省から国務長官に伝わるという経路を経ている。

(29) 松田前掲書三〇〜三四頁。

(30) 沖縄人民党：一九四七年七月二十日、戦前の無産運動家が中心となり、沖縄県石川市(現うるま市)で結成。綱領では「全勤労大衆の利害を代表」する政党として、人民自治政府の樹立、各種の地方議会議員の直接選挙などの要求を掲げた。四九年四月には、「民族戦線」の結成を呼び掛けた。五十年九月に行われた群島知事選挙では、選挙運動の中で政党として初めて、公然と日本復帰を掲げた。翌五十一年三月の臨時党大会では、大会決議で連合国との全面講和条約の締結と日本復帰を主張した。一九七三年一〇月三一日、日本共産党に合流。

(31) ただし所謂病院、孤児院、ハンセン病患者の収容所や、沖縄民政府の雇用者、あるいは軍の関係雇用者は除外された。また、筆者の聞き取りでは、当時の沖縄人民党の運動に関与した労組活動家に話を聞いても取り組みに動いた記憶はない、ということであった。

(32) GARIOA (Government and Relief Occupied Areas Fund) の略。一般に「ガリオア援助」とも呼ばれ、沖縄では、アメリカが援助という形で送ってきた米や生活必需品を琉球政府が住民に販売し、販売した代金はアメリカが回収し、それをガリオア見返り資金として沖縄の復興に役立てるためにB円の形で基金としておいた。那覇市歴史博物館編『戦後をたどる―「アメリカ世」から「ヤマト世」へ』(琉球新報社、二〇〇七年) 一九四頁。

(33) 仲宗根源和：一八九五年生まれ。上京して小学教員となり、また日本社会主義同盟や暁民会に参加。一九二二年共産党に入り、二三年検挙され禁錮一〇カ月に処せられた。その後左翼関係の出版社を経営し二六年「無産者新聞」が発行されると編集責任者となる。しかし、第一次共産党事件で入獄、出獄したあとは運動から離れ、一九三三年ごろから空手関係書の出版を手がけた。一九四二年沖縄県議に当選。戦後の四七年には沖縄民主同盟を結成して親米派となった。著書に『沖縄から琉球へ』、共著に『空手道入門―攻防拳法』などがある。一九七八年死去。

(34) 志喜屋孝信：一八八四年生まれ。一九〇八年に広島高等師範学校を卒業。熊本県立鹿本中学校に勤務後、沖縄県立第二中学校に赴任。その後、私立開南中学校を設立。沖縄戦後、沖縄諮詢会委員長、沖縄民政府知事を歴任、その後琉球大学の学長に就任、一九五五年死去。

(35) 瀬長亀次郎：一九〇七年沖縄県豊見城村（現豊見城市）生まれ。二七年旧制第七高等学校（現鹿児島大学）理科甲類入学。翌二八年退学処分。その後神奈川県川崎、鶴見などで労働運

動に参加。四五年沖縄県で終戦を迎える。のちに「うるま新報」（現琉球新報）社長などを経て、五〇年「沖縄群島知事選挙に立候補、落選。その後沖縄人民党書記長、同委員長を歴任。一九五四年、米国民政府による弾圧事件（沖縄人民党事件）で有罪判決ののち収監。出所後の五六年那覇市長選挙で当選。翌五七年の米軍布令で那覇市長を追放、被選挙権をはく奪される。のちに「被選挙権剝奪規定」を撤廃させ、六八年琉球政府立法院議員に最高得票で当選。七〇年戦後初の国政選挙で衆議院議員に当選。七三年沖縄人民党の日本共産党合流後、日本共産党中央委員会幹部会副委員長に選出。九〇年七月、日本共産党第十九回大会で名誉幹部会委員に選出。衆議院議員並びに幹部会副委員長を引退。二〇〇二年死去。なお、その後発見された日記が『不屈―瀬長亀次郎日記』として琉球新報社より公刊されている。

(36) 沖縄人民党がこの間の政策で掲げる政策として、たとえば「人民自治政府の樹立」が掲げられていたが、これはおそらく、憲法議会、憲法の制定ということを掲げることは想定しただろう。しかしこの段階で日本とは全く別個の独立した、いわば琉球民族の政府をつくるのか、それともいわば自治政府的な機関をつくってその後に日本本土政府との合流を想定していたのか、この段階ではまだ詳細に決めていなかったのではないかと思われる。

(37)「刑法並に訴訟手続法典」：一九四九年六月二八日公布の特別布告第三二号。従来の布告、指令、命令で施行されていた刑罰法規を大幅に改廃し、単一法典にしたもの。参考までにその条文のいくつかをかかげる。

・米国並に連合国軍隊に手向かうために武器をおびる者は死刑又は他の刑
・占領軍要員の殺害は死刑又は他の刑
・占領軍婦女の強姦は死刑又は他の刑
・軍民政府の武力転覆行為への参加は死刑又は他の刑

(38) これは後に当時の沖縄のメディアから「シーツの善政」という評価をされているが、実際は米軍の政策遂行と安全保障を妨害させない限りでの政策の実行だった。

(39) 前原穂積『検証沖縄の労働運動―沖縄戦後史の流れの中で』(沖縄県労働者学習協会、二〇〇〇年)

(40) 人民党の第四回大会の一般報告では、「朝鮮民族の統一と完全独立がいつ成立するかに問題の主点はおかれていたと解する」と記述されてはいるが、本土で展開された在日朝鮮人の反戦闘争のような運動が、沖縄で組織的に展開されたかどうかについては不明である。

(41) 群島議会および群島政府選挙は、シーツによって七月三日に「奄美大島、沖縄群島、宮古群島および八重山群島における知事および民政議員の選挙を行うべし」という号令により実施された。

(42) 松岡政保：一八九七年生まれ。インディアナ州トライステート工科大学卒業。一九三六年沖縄製糖入社。沖縄戦後、沖縄諮詢会、沖縄民政府工務部長などを歴任。一九四六年代四代行政主席に就任。復帰後、沖縄電力の社長をつとめる。一九八九年死去。

（43）平良辰雄：一八九二年沖縄県大宜味村生まれ。旧制第八高等学校中退後、戦前の沖縄県庁勤務、八重山支庁、振興計画課長などを歴任。戦時中大政翼賛会沖縄県支部壮年団長に就任。沖縄社会大衆党初代委員長の後、立法院議員選挙で当選。一九六九年死去。

（44）公約を見る限り、人民自治政府、憲法議会というと人民党が沖縄独立論を公約として掲げていたかのように思われるが、実際は瀬長の選挙の応援弁士が本土の岸までということを言い、しかも瀬長および人民党の幹部が否定的な態度を取ったことは確認されていない。おそらくこの段階では人民党ないしは瀬長の方針として、本土復帰をほぼ決めていたのではないかと見ても差し支えないであろう。

（45）安里積千代：一九〇三年沖縄県座間味村生まれ。日本大学法学部卒業後台湾に渡る。沖縄戦後引き揚げた後八重山群島知事就任後、第一回立法院議員総選挙に沖縄社会大衆党公認で出馬し当選。一九五八年社会大衆党委員長に選出。一九七〇年の国政参加選挙に社会大衆党公認で出馬し当選。その後民社党に移籍。一九八六年死去。

（46）西銘順治：一九二一年生まれ。一九四八年東京帝国大学法学部卒業。外務省入省後退官し沖縄ヘラルド、沖縄朝日新聞社長に就任。一九五〇年沖縄社会大衆党結党に参加。一九五四年社会大衆党公認で立法院議員に当選。その後比嘉秀平行政主席とともに脱党後琉球政府経済局長、計画局長を歴任。一九六二年、沖縄自由民主党の支援で那覇市長に当選。一九七八年沖縄県知事選挙に自民党・民社党推薦で当選。一九九〇年落選。その後一九九三年に衆議院議員に当選後一九九六年まで在任。二〇〇一年死去。

(47) 池宮城秀意：一九〇七年生まれ。早稲田大学卒業。「沖縄日報」記者、沖縄県立図書館司書。一九四六年「うるま新報」編集長の後社長に就任。沖縄人民党の結党時には中央委員に選出。後社会大衆党の結党に参加。一九八九年死去。

(48) 後に沖縄人民党を離れた人物が社会大衆党に入党するなどの複雑な人間関係が存在した。たとえば人民党結党時に瀬長亀次郎と同時に五人の中央常任委員に選出された兼次佐一は社会大衆党結党時には書記長に選出されている。

(49) 沖縄社会大衆党史編纂委員会編『沖縄社会大衆党史』(沖縄社会大衆党、一九八一年) 七頁。

(50) 「琉球列島米国民政府に関する指令」は、通称SCAP指令と呼ばれているが、これはきわめて不正確な表現である。

(51) 比嘉秀平：一九〇一年生まれ。早稲田大学卒業の後、沖縄県立第二中学教員に。沖縄戦終結後、沖縄諮詢会勤務。沖縄民政府勤務の後、米民政府から琉球臨時中央政府行政主席に任命。一九五三年死去。

(52) この祖国復帰のスローガンは「方法として」なのか、目的なのかについては疑問が残るが、最終的にはこれ自体がやはり目的だったのではないかと考えられる。

(53) この決議文のなかでは、「琉球民族は初めから日本民族の一部である。琉球民族の幸福はあらゆる面に於いて、日本人民との結合なくしてはあり得ない」云々、と述べていた。要するに琉球民族は日本民族と異なる存在と認識しているのではなく、日本民族の一部と言っていることから考えて、沖縄人民党の方針として琉球民族独立論を掲げたものではないといえよう。

(54) この時期に、沖縄人民党が労働組合の組織化を図っていなかったとは考えがたいが、後述する一九五四年の「沖縄人民党事件」に人民党関係者で組織していた労働運動に関する書類、資料が米軍に押収の後散逸した可能性はある。

第2章
冷戦体制の確立と対沖縄政策への波及と労働者・県民の抵抗

（1952～1957）

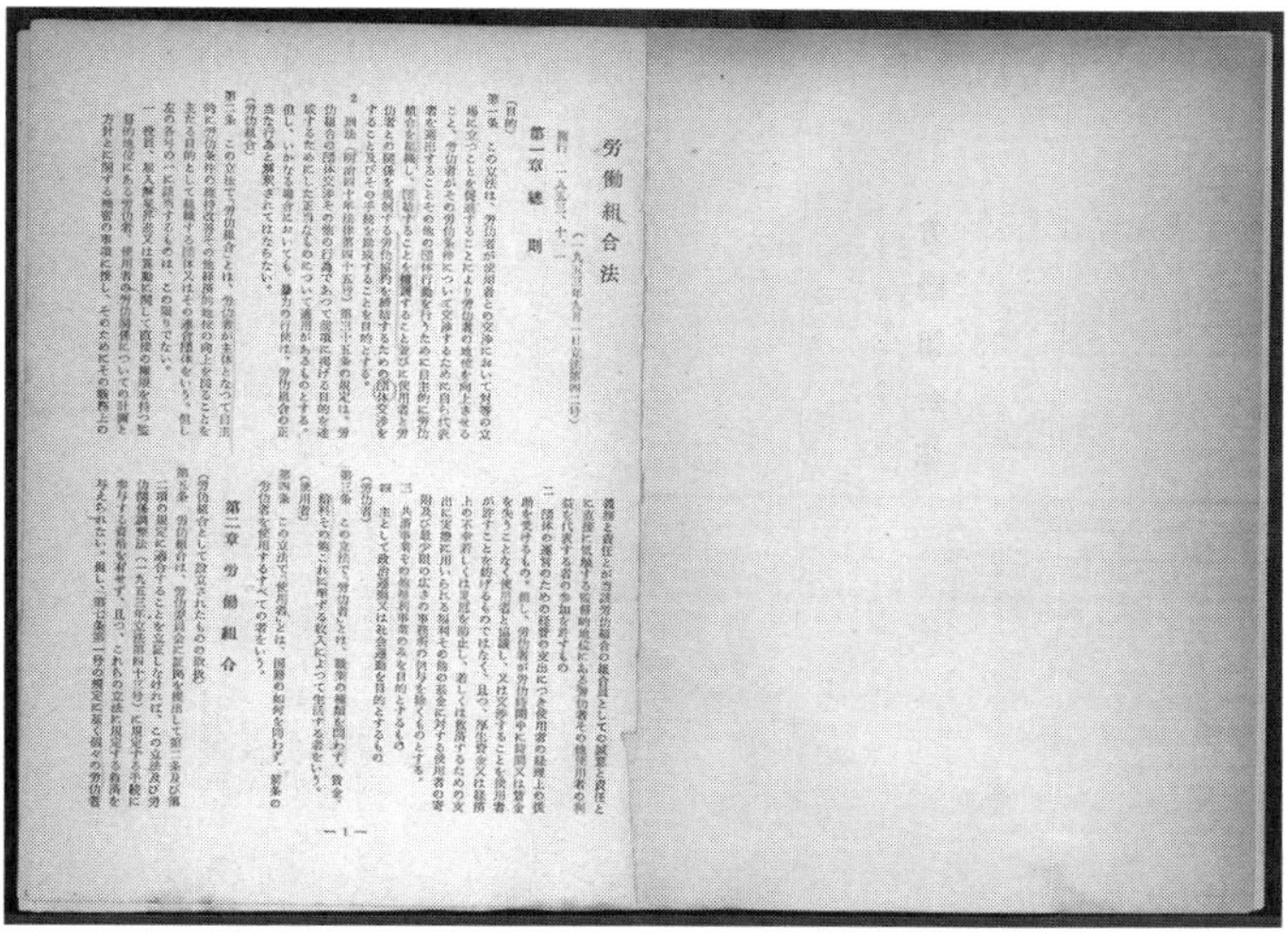

労働組合法

第一章 総則

第二章 労働組合

1953年に制定された琉球労働組合法

本章では、主にサンフランシスコ講和条約締結以後から米国政府の対沖縄占領政策の転換が始まる前での時期を考察する。まず、米国の政策転換が沖縄に与えた影響から考察する。

1　アイゼンハワー政権の「ニュー・ルック戦略」と沖縄の「無期保有宣言」

戦後アメリカの外交政策の立役者ともいうべきジョージ・ケナンが提唱した「冷戦戦略」により、沖縄は事実上米国の対アジア政策の「キーストーン」とされた。一九四九年から本島を中心に建設が本格化した米軍機基地の拡張はその象徴であった。

たとえば五一年九月一日に調印されたANZUS条約（オーストラリア・ニュージーランド・およびアメリカ合衆国参加国安全保障条約）では、その前文で「アメリカが琉球において軍隊を維持し、かつ行政上の責任を有する」ことが一つの前提であることを明記していた。また五三年八月八日に東京を訪問したジョン・フォスター・ダレスは[1]、奄美諸島の返還に際して、極東に脅威と緊張が続く限り、残余の琉球諸島における権限と権利を引き続き行使すると声明した。

さらに同年一一月、当時のアイゼンハワー大統領の特使としてアジアを親善訪問したリチャード・ニクソン副大統領は、沖縄視察の際「共産主義の脅威がある限り、アメリカは沖縄を保有すると」言明した。アイゼンハワーはこれらの発言を引き継ぐ形で、「沖縄のわれわれの基地を無制限に保持するつもりである」と述べた。[2]

もともとアイゼンハワー政権は外交戦略として「ニュー・ルック戦略」―すなわち、コストを低めながら、同時に米国の外交的なイニシアチブを維持する（最も効果的な場所を選んで自由に攻撃する）というものをもっていた。その際には、核兵器を抑止力として使用するが、あくまでもいつ使用するかについては明確にしない（いわゆる「瀬戸際政策」）。他方では、コストのかかる地上での軍備を削減し、地上兵力と経済資源を同盟諸国に求めるというものであった。さらには、いわゆる心理作戦、隠密作戦、偽装工作などを強調する戦略を採用した。[3]

2　サンフランシスコ講和条約の発効と沖縄占領統治機構の確立

いわゆる連合国の対日講和条約（サンフランシスコ講和条約）が一九五二年四月二八日に、日米安全保障条約とともに発効した。この少しまえ、アメリカ合衆国は琉球列島に民政担当の行政機関である「琉球列島米国民政府」（United Staes Civil Administration of Ryukyus＝USCAR、以下「米国民政府」と略す）を発足させた。[4] そして、沖縄県民の自治政府として「琉球政府」

を発足させた。

この琉球政府は、米国民政府が「上級機関の指示」を理由に布告第一三号「琉球政府の設立」と布令第六八号「琉球政府章典」（一九五二年二月二十九日付）を公布したことで正式に発足した[5]。

琉球政府の発足により、沖縄県民が戦後米国側に要求し続けてきた住民の自治政府組織は、沖縄戦終結から約五年後にしてようやく具体化したといえよう。しかしその実態は、米国民政府の代行機関、すなわち県民の政治的要求を代弁する代表機関ではなく、あくまでも米国の占領政策を貫徹するための代行機関であった。

こうした県民を取り巻く状況の中で、沖縄は引き続き米国にとり「共産主義の脅威」から守るためのアジアにおける拠点としての役割が重要視された。そのために占領直後から開始されていた軍用地の強制接収は、県民の反対を押し切る形で強行された。しかしそれに対する「島ぐるみ闘争」も展開され、のちには施政権返還につながる祖国復帰闘争へと受け継がれた。以下に述べる土地闘争がそれである。

3　米軍の占領政策と沖縄県民の抵抗

（1）土地闘争

沖縄県民の米軍支配に対する抵抗運動はしばしば、「島ぐるみ闘争」と形容されるが、本書ではその全容を解明することが目的ではないので、労働関係に関係する諸課題についてのみ述べる[6]。

米軍はすでに沖縄戦開始の時点から、旧日本軍が建設ないしは使用していた軍用飛行場、および作戦上必要とみなした土地を次々に接収していった。これらは前述したように、本土侵攻作戦の作戦上の理由からであるが、沖縄戦終結後に公式な政策として出したのはＦＥＣ指令および布告第九十一号「契約権」[7]などである。

これらは軍用地の合法化を意図したものであったが、住民の反対などにより十分な成果を得られなかった。そのため、翌五三年一二月、布告第二六号「軍用地域内における不動産の使用に対する補償を交付し、地主との契約成立の有無にかかわらず賃借権は得られると一方的に宣言した。さらに同年四月の布令一〇九号「土地収用例」を公布・施行して、米軍との契約に応じない地主の土地を武装米兵を出動させて強制的に接収した。しかも米国民政府側は、米軍側が一方的に定めた借地料（地価の六パーセント）の十六・六か年分をすべて一括払いで支払うことで、永代借地権を一方的に設定しようとしていた[8]。

これらの動きに対して地主たちは一斉に反発した。そして琉球政府立法院もまた、「土地を守る四原則」[9]を決議し、反対闘争に立ち上がった。これに対して、米国側は、本国から連邦議会下院軍事委員会メルビン・プライスを団長とする「プライス調査団」を派遣し、報告書を提出した（プライス勧告書）。しかしこの報告書は、「四原則」を否定したのみならず、逆に米軍による軍用地の強制収用を正当化する内容であったため、反対闘争が全島各地で起きた。これが「島ぐるみ闘争」である[10]。

これらの県民の反対運動に対して米国民政府側は、民政副長官に代わり、就任した高等弁務官[11]・フェルナンド・ブース[12]らを中心に妨害を図った。保守的な立法院議員及び地元経済界などを巻き込み、立法院で事実上四原則を反故にする法案を可決させて収束させた。

（2）軍用地接収による経済的影響―相対的過剰人口の発生と基地関連産業、海外移民政策

このような軍用地の強制接収の結果、沖縄の農民はどのような状況に置かれたであろうか。まず耕地面積から見ていこう。当時沖縄本島に存在した一億二六四五万四五〇〇坪は戦後実に八二六八万六六〇〇坪、軍用地は二二七万一〇〇〇坪を占めるという状況が発生した[13]。特に

図表６　沖縄における農家数の構成の変化

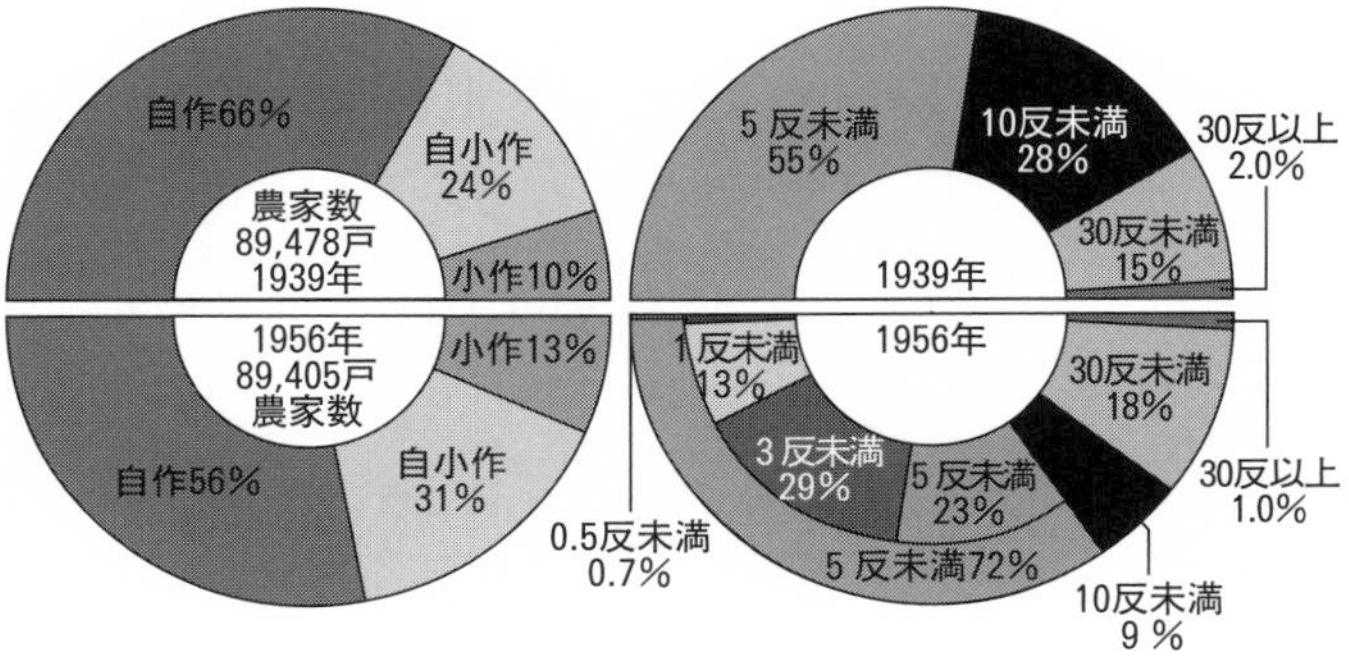

瀬長『沖縄からの報告』91頁

軍用地の接収が大規模に展開された中部地区では、戦前は農家一戸当たり一八九〇坪を所有していたにもかかわらず、その五分の一にあたる三九七坪しか所有できないという状況に押し込められた[14]。

さらに農家の戸数自体が二五五七戸から九八二戸に減少しているため、仮に戦前の農家がそろってこれらの耕地を耕作したとすれば、農家一戸あたりの一平均耕地面積は二四〇坪という計算であった。

こうした軍用地の接収は、農民層の分解―とりわけ、自作農家から事故策・小作の増加、また耕地面積の平均的な現象を生み出した（図表６）。それらの労働力のある者たちは、基地労働者としての就労、または都市労働者、基地関連のサービス産業などに従事するという方向へ向かった。

さらにここで指摘しておかなければならないことは、離農・離村を余儀なくされた農民などに対し、米国民政府が海外への「移民」政策を積極的に推進していたことである。この政策は一九五八年の時点で当時のブラジル、ボリビアなどのラテンアメリカ諸国に八千人を送り出していたこと、また米国政府援助で翌五九年から五か年計画で一万九四〇〇人を四七九万ドルの資金援助によって送り出す、というものであった[15]。

ところでこのほかにも、米国政府陸軍省は当時のカンボジア王国へ沖縄から移民を送り出す計画をたてていた[16]。それによれば「カンボジアへの日本人移民による利益は明白である。この可能性は、地元の新聞や、カンボジア王国政府の法務当局でもしばしば公表されている。直近のシアヌーク殿下の東京訪問の際にも、このことは議論の主題でもあった。最近も議論の主題として政権政党であるサンクムによっても、この問題は取り上げられており、日本人二千人の移民許可が出された」と記されている[17]。

もちろんこれらの計画がすべてそのまま実行に移されたとは言えないものの、軍用地の強制接収から発生する大量の土地喪失農民層を、海外へ送り出すという一種の「棄民政策」が立案されていたことは否めないであろう。

4　米軍の支配と抵抗―労働運動の幕開けと労働立法の確立

沖縄における基地建設が米国政府の方針として確立し、沖縄県内での基地建設工事が本格化するにつれ、これらの産業に従事する労働者の運動も必然的に発生した。

特にその中でも象徴的な出来事が、一九五二年六月五日に発生した日本道路社の労働者によるストライキであった。このときに出された労働者の要求は、六〇人のストライキ参加者をはじめとした労働者の解雇撤回、未払い賃金の支払いをはじめとして、人間らしい労働を営むうえでの最低限度の要求であった[18]。

この労働争議については、当時琉球政府立法院議員であった瀬長亀次郎らが現地を調査のうえ、報告書をまとめた[19]。そしてそれらの報告書を受けた琉球政府立法院は、同年六月一一日に「労働者の待遇改善に関する決議」[20]を可決し、米国民政府副長官に提出した。しかし、日本道路社側が労働者全員に解雇を通告して雲隠れしてしまったため、労働者は要求貫徹を掲げてハンストに入った。そして立法院では労働組合法と労働基準法が提案され、その審議も行われていた。

これに対して米国民政府側はことごとく拒否し、七月一一日に立法院で最終的に可決された労働組合法を認めない旨書簡で通告した。米国民政府側は懐柔策をとる一方で弾圧政策をも辞さないという両義的な政策をとり、最終的に労働三法が成立したのちも、軍関係の労働者には適用を認めないとの態度をとった。そして五三年七月二〇日の労働関係調整法、二四日の労働組合法と労働基準法の可決に歩調を合わせるように、米国民政府は布令一一六号を発令した。これはいわゆる基地労働者を労働三法の適用外に置くもので、しかも人数は非農林業者数の三分の一を占めるという状況であった。[21]

5　労働運動への米国民政府の介入

（1）布令一一六号の諸問題

なお、布令一一六号の問題点に触れておこう。

当初米国民政府は、布令の条文冒頭で労働者の団結権および団体交渉権を認める文書を挿入していたが、実際にはほとんど労使対等な立場での交渉はできず、しかも米国で一九四七成立した「タフト・ハートレー法」（以下、「タ・ハ法」と略す）なみに、共産主義者が労働組合の幹部になることを禁じるなど、著しく労働者の思想・信条を踏みにじる布令であった。ここではその問題点をいくつか例示しておく。[22]

第一の問題点は、「タ・ハ法」の規定を直接条文に取り入れたのみならず、労働者側の権利を大幅に後退させていることである。

たとえば第五条「労働組合」の規定では、労働組合への不参加を労働者の権利として認める一方、第六条a項(三)では使用者が組合加入を奨励することを不当労働行為とした。さらに同条b項(二)では、労働者側が使用者側に組合加入拒否ないしは除名された労働者に対して、不利な取り扱いを要求することが不当労働行為とされた。事実上のユニオン・ショップ協定の禁止である。

第二の問題点は、「タ・ハ法」以上に労働者側の権利を抑圧していることである。

前述した第五条の「規定では、基地労働者のうち「第一種被用者」の団体交渉権および団体行動権(争議権)を完全に否定し(わずかに第七条「代表及び選挙」の規定で団結権と合衆国政府への「陳情」を認めるのみ)、使用者である米国政府は第二条で規定された使用者の定義に含まれないとされたため、第一種被用者は無権利状態に置かれた。さらに第十二条では、第一種被用者のストライキ参加の禁止とストライキを主張する者の雇用が禁止され、規定違反の場合「五万円以下の罰金または二か年以上の懲役もしくはこれを併化する」ものとされた。さらにストライキに参加したものの全員解雇と、資格のはく奪など争議権の否認にとどまらず、参加した労働者の一方的な解雇とそのあとの就労権のはく奪までが規定された。

さらに十三条では、水道・電気・ガス・輸送・郵便・電信・ラジオ・電話・港湾施設の操作および維持、民政副長官が告示する産業または業務、医療及び公衆衛生業務、石油の供給などの事業に携わる労働者の争議行為が禁止された。そして第二十六条では、米国政府の占有または使用する地域における暴力またはピケッティング行為を禁止し、規定に故意に違反したものは「五〇〇〇円以下の罰金または六か月以下の懲役もしくはこれを併科する」ものとされた。この条文では、タ・ハ法においてすら正当な争議手段とされたピケッティングも「米国政府の占有または使用する地域」、つまり所有権が存在する土地などはもちろん、使用権のみがある地域であっても処罰の対象とされた。

さらには、第二十一条ではいわゆる「チェック・オフ制度」を全面的禁止とし、組合費の徴収またはその金額については労働員会の干渉を容認する規定まで付け加えた。

このような布令一一六号が基地労働者[23]、とりわけ第一種被用者を対象として発令された背景には、米国民政府自身が、布令の適用範囲は合衆国及び琉球諸島の軍事的安全保障上の必要性によって異なる、と説明していることから明らかなように、米軍の軍事戦略上の必要性によるものであった[24]。なおこの布令一一六号の対象となる軍関係の労働者は、当時約六万三〇〇〇人にものぼった。

（2）布令一四五号とその影響

布令一一六号の発令にもかかわらず、沖縄における労働者の組織化は労働三法成立以後急速に進展した。たとえば、米国系資本である石油会社カルテックス石油労組の結成を契機に、小禄航空隊VW労組、沖縄魚連労組、那覇樽工労組、南港湾（軍桟橋）労組、沖縄食料労働組合などの結成が相次いだ。これらの動きに対して、経営者側は米国民政府の援助も得てことごとく弾圧を加え、ことにカルテックス石油労組などは自然消滅に追い込まれた[25]。

だがこうした労働運動をめぐるは厳しい状況にもかかわらず沖縄における労働組合のナショナルセンターを結成する動きは盛り上がり一九五三年九月には全沖縄労働組合が結成され（のち五四年二月に全沖縄労働組合協議会と名称変更）、各労働組合の協議体とすることを確認した（初代委員長瀬名波栄、事務局長畠義元）。

これらの動きに対して米国民政府は露骨な形で労組の結成やその活動を抑える動きに出た。特に当時日本復帰運動の中心となっていた沖縄教職員会に対しても、二月五日にブラムリー主席民政官の名で復帰運動から手を引くように勧告し、労働組合への組織替えを図ろうとしていた沖縄教職員会の活動に対し公然と介入する行為に出た。

さらに五月一九日には民政副長官オグデンが、ライカムの将校クラブにおける各新聞社との懇談の席上で沖縄教職員会の問題について言及し「共産主義者が教職員として共産主義思想を教え共産党員の補給を目的として教育を行っている」と非難した。この反共攻撃の前に教職員会はやむを得ず、労働組合への移行を見合わせざるを得なくなった。

さらに米国民政府は一九五五年三月一八日に「布令一四五号労働組合の認定手続き」を交付し労働者の団結権に対する露骨な勧奨行為を正当化する行為に出た。

まずこの中では琉球政府によって適切な立法が制定されるまで米軍に対して不利な影響を与えないという民政官の裁断がない限り、いかなる団体個人も労働組合または労働組合としての地位を認めないということ、また民政官が承認を拒否した場合には米軍に不利な影響を与えないという事項を示した訴願書を副長官に提出しなければ、事実上認可の対象にならないこと、さらに民政官によって労組から選出された役員が不適当だと判断、あるいは労組がその役員を解任しない場合、組合としての権利及び運転を剥奪され労働組合としての資格を喪失するものとされた(26)。

なお一九五四年五月一日のメーデーについて、ビートラー民政副長官は「五月一日は共産党員の聖典の著者のカール・マルクスの誕生日である。ゆえに共産党でない人々はその日の共産党員の会合に参加するべきでない」と露骨な反共攻撃をかけ、メーデー参加者に対して威嚇ともいうべき行為に出た。

6　日本復帰運動の高揚とその後退

沖縄県民によるいわゆる日本復帰運動は、すでにサンフランシスコ講和条約の締結以前から全面講和を要求する日本本土の運動と連動するような形で行われていた。一九五一年二月一六日二一日の両日には、沖縄人民党、沖縄社会大衆党、社会党[27]、共和党[28]の四党会談が開催され、講和問題と日本復帰についての各党の議論が出された。しかし、最終的に日本復帰で一致した闘争を組むことに合意したのは、人民党と社大党の二党[29]であった。そして四月二九日、両党に沖縄教育連合会（のちに沖縄教職員会と改称）などの参加で日本復帰促進期成会が結成され、七月までの三ヶ月間に全有権者の七二・一％に該当する署名を集めた。

また、一九五三年には両党が「植民地化反対共同闘争委員会」を設置し、同年二月の立法院議員選挙に対する米国民政府の不当な介入に反対する闘争を行ったが、唯一民生緩和代表。民政官室に出頭させるなど圧力をかけ、ついに解散に追い込んだ。さらに、人民党、社会大衆党とともに祖国復帰運動を推進してきた沖縄教職員会に対しても、当時会長であった屋良朝苗に圧力をかけ、適正化への活動を中止させ、解散状態に追い込んだ。またこの頃、米国民政府内部では社大党と人民党の影響力を抑えるため、「防共法」の制定が検討されていた[30]。

米国民政府などによる後述するような沖縄人民党への弾圧や労働組合の弾圧により、米国民政府は実質的な防共法にも等しい政治的効果を上げることに成功した。しかしのちに島ぐるみによる土地闘争の終息以降、盛り上がった「民連ブーム」と呼ばれる祖国復帰と沖縄県民による自治の確立を掲げた運動が高揚するにつれ、こうした動きは影を潜めざるを得なくなった。そして、祖国復帰運動は新たな局面を迎える。これについては次章で述べる。

7　奄美群島の占領と社会労働運動の展開―日本復帰と労働運動

なお、沖縄より早く日本本土に復帰した奄美諸島の復帰運動について触れておこう。

奄美群島は一九四五年一一月二六日付軍政府布告第一の英語の交付により、正式に米軍政府の占領下に置かれた。(31) さらに翌四六年二月二日には「二・二宣言」が軍政府から出され、四七年五月一五日には北部南西諸島命令一号を公布し、続けて命令二号で奄美群島沖縄からも分割して占領統治を進めていくことを表明した。

この結果奄美群島は沖縄からも日本本土からも全く分離した形で米軍の占領を受ける形となったのである。そして六月四日発令の軍政府長官ジョン・A・ポーターの「命令第五号」は軍政の統治方針として以下のように述べた。

北部南西諸島住民に告ぐ

本軍政官は集会の自由言論の自由出版の自由宗教の自由並びに平和的団体もしくは労働組合組織の自由の諸権利を付与する

しかしこの布告を発令したポーター自身は就任後わずか三ヵ月で解任され、以後奄美群島は陸軍の軍政下に置かれた。

なお戦前から奄美群島の行政機関として機能していた大島支庁は一九四六年一〇月三日付で臨時北部南西諸島政庁と名称変更された。そして四七年六月には法制改定委員会が発足し、日本の古い法律の中で人民を圧迫している法の撤廃並びに必要と認められる法の措置に関する事項の提言を要求した。しかしこの法制化委員会の政治的地位は実際には米軍政府の代行機関でしかありえず、それ以上の役割権限を果たせるものではなかった。

これらの米軍政府の動きに対して一九四七年八月一九日名瀬市民五〇〇〇人が結集し帯同する大島民主化の声を発表した。これらの日本復帰を求める島民の動きに対して米軍政府は九月一一日軍政命令第一三号を発動し、強権的に住民を抑える行動に出た。この結果、これ以降復帰運動は公の形では現れてこなかった。

そして奄美群島が独自の行政機関を形式上持つ形態になるのは、先に述べた一九五〇年六月三〇日付で出された軍政府長官シーツによる布告により奄美群島政府が発足してからである。この時の知事選挙では初代公選知事に中江実隆が当選した。一方奄美軍政府は琉球諸島米国民政府奄美群島政府と改称された。

こうした米国民政府側の対応に対し、住民側はどう動いたか。まず翌年の二月一三日、社会民主党[32]が奄美の各団体に呼びかけて日本復帰対策協議会を開き、翌一四日には「奄美大島日本復帰協議会」（復協）が結成された。そして一九五一年二月二〇日、奄美群島議会はついに日本復帰を求める決議を採択した。このとき、日本復帰を求める住民の請願署名は実に九九％という高い比率で四月一〇日までに集約された。これに対して米軍政府はさまざまな形で圧力をかけて抑え込みを図ったが結局、一九五二年三月二七日、奄美群島政府は解散し琉球政府に組み込まれた。

その後、一九五一年七月一四日、復協主催の日本復帰貫徹市民総決起大会が二万人の参加で開催されたが、これに対して米軍政府は解散を命じた。それ以後も度々日本復帰運動への干渉や妨害を続けたが、奄美の住民による日本復帰運動は粘り強く続けられ、同年八月一日からは泉芳郎議長が先頭を切って断食祈願を開始した。

さらに軍民大会の決定で、船による日本本土への密航陳情団も組織された。

こうした奄美の住民による日本復帰運動に対して、米軍政府はCICなどの諜報機関を活用し弾圧を加えるなどした。しかし復協は対日講和条約が締結された後も粘り強く方針を提起し、内部対立を乗り越えて基本スローガン「信託統治反対」、「条約第三条撤廃」、「完全日本復帰」の三つを確認した。

そして各群島政府が廃止され、沖縄に琉球政府が新たな中央統一政府としてつくられることが決まると、沖縄人民党は常任中央委員二名を派遣し奄美の社会民主党と合流させることを提案した。この結果、一九五一年一二月二九日、社会民主党と沖縄人民党が合流し琉球人民党が結成された。

その後翌年一九五二年九月七日に行われた名瀬市長選挙では、復協議長を務めていた泉芳郎(33)が当選した。泉は一〇月に開催された臨時市議会でも、日本復帰達成を市政の最重点にして取り組む、また人民党市議団が提案した条約撤廃決議案は圧倒的多数で可決された。

こうした奄美の状況の中で米国民政府は沖縄と同様に復帰運動に圧力をかけ、人民党イコール共産党の図式で反共攻撃を行ない、その結果復協から人民党が排除されるという事態もおきた(34)。しかしながら、これらの動きはのちに復協の活動が停滞する中で克服の方向へ向かった。

そして一九五三年八月九日ジョン・フォスター・ダレス国務長官は、奄美返還声明を出す同年一二月二四日、奄美群島は日本政府の施政権下に復帰した。

むすび

本章では主にアメリカ政府の冷戦政策の展開と沖縄への影響、さらには社会労働運動の萌芽について論じた。また奄美諸島の復帰運動についても論じた。

一九五〇年代におけるアメリカ政府の強権的な占領政策は、「島ぐるみ闘争」への露骨な弾圧、さらには「沖縄人民党事件」(35)にみられる住民の要求や革新的な政治運動を弾圧する方向へ向かい、またこれに対抗する側も十分な結束ができないまま弾圧政策を許してしまうという弱点があった。しかし、労働運動の高揚による琉球政府での労働三法の可決（基地労働者は除外されたものの）、そして土地の強制接収に対する「島ぐるみ闘争」の高揚は、米軍およびアメリカ政府に対して、強権的な弾圧政策（ムチ一辺倒）からの転換を促す一つの契機とはなった。

だがその一方で、沖縄中部をはじめとする農地の強制的な取り上げは、農民層の極端な階層分化、土地喪失農民などの基地労働者、基地関連サービス産業への流出、さらにはその「受け皿」としての移民政策の奨励と推進がなされたことは、結果として沖縄の経済構造を極端に第三次産業に依存する形態にしたばかりか、移民先での社会問題や悲劇をもたらすことにもなった。
この時期の大きな特徴としては、米軍政府が米国民政府と名称を変更し、また沖縄県民の自治的な政府機関が発足したことである。しかしながらその実態は米軍による形式的な間接占領の延長に過ぎず、琉球政府がしばしば、米国民政府の意向を代弁する権力機構としての役割を果たすことが多かったことが指摘できよう。だが一方で、沖縄県民の要求、とりわけこの時期に重要である労働三法の制定もなされるという二重の性格も有していたのである。

【注】

(1) ジョン・フォスター・ダレス：一八八九生まれ。第一次世界大戦に従軍。のちにニューヨーク州から米国連邦政府上院議員に選出。ドワイト・アイゼンハワー大統領の下で国務長官を務める。この間、東南アジア条約機構（SEATO）結成に尽力。一九五九年死去。
(2) 中野好夫・新崎盛暉『沖縄戦後史』（岩波新書、一九七〇年）五九〜六一頁。
(3) 宮里『日米関係と沖縄』一一五頁。
(4)「琉球列島米国民政府に関する指令」（一九五〇年一二月五日付）。この指令によって、合衆国政府極東軍司令官が民政長官となり、軍政長官を務めていた琉球軍司令官は民政副長官となったが、実際には名称が変更された以外に、その実態は何の変更もなかった。前原『検証沖縄の労働運動―沖縄戦後史の流れの中で』一九〜二〇頁。
（5）琉球政府の権限と米国民政府の関係については、前掲『沖縄県史』一四三頁〜一五七頁の小野百合子の論考が詳しい。
（6）一九五〇年代の米軍による軍用地の強制接収とそれに対する沖縄県民の抵抗については、鳥山淳『沖縄―基地社会の起源と相克一九四五―一九五六』（勁草書房、二〇一三年）が詳しい。
（7）「契約権」（布令第九一号）：米軍当局の土地占有を合法化するために公布された布令。第一項でまず、「米国政府の必要とする土地および財産の所有並びに占有を有効ならしめることは、米国政府および琉球列島並びに米国国民および琉球住民の保全上、望ましいことであり、且つ、機宜の策である」と宣言し、第二項では米国政府の占有してきた財産の所有者に対して保証金を支払う用意のあることが示され、第三項目以下では米国政府と土地所有者との間の借地契約事務が琉球政府行政主席の責任においてなされるべきことを命じている。なお、この布令によって具体的に提示された諸条件は次の通り。

対象面積五三六六〇〇〇〇九千六十三坪
支払い対象期間一九五〇年七月一日〜千九百五十二年四月一日
地領総額一億二千五百六十六万九六一五B円
坪当たり単価一・〇八B円、但し山林、原野、雑種地、溜池、池沼、公用地については、

面積のいかんを問わず一筆一〇B円

契約期間二〇ヵ年

（松田『戦後沖縄社会経済史研究』一六一頁）。

（8）沖縄本島中部の宜野湾村（現宜野湾市）伊佐浜、南部の真和志と小禄（現在は両地域とも那覇市）、具志、伊江島などにおける軍用地の強制接収などはその典型的な事例であろう。伊江島の実情については、阿波根昌鴻『米軍と農民』（岩波新書、一九七三年）、同『命こそ宝―沖縄反戦の心』（岩波新書、一九九二年）参照。

（9）「土地を守る四原則」（正式には「軍用地に関する請願決議」の四項目）は次の通り。

①アメリカ合衆国政府による土地の取り上げ、または永久使用、地代の一括払いは絶対に行なわないこと。

②現地アメリカ軍使用中の土地については、適正にして完全な補償が為されること。使用料の決定は住民の合理的算定に基づいて為され、かつ、評価及び支払は一年ごとに行われなければならない。

③アメリカ合衆国軍隊が加えた一切の損害については、住民の要求する適正な保障額を速やかに支払うこと。

④現在アメリカ軍の占有中の土地を早急に解放しかつ新たな土地の収用は絶対に避けること。

瀬長亀次郎『沖縄からの報告』（岩波新書、一九五九年）二一一～二一二頁。

(10) 島ぐるみ闘争については、鳥山前掲書などを参照。
(11) 高等弁務官：沖縄の高等弁務官制度は、それまでの米国民政府民政副長官に代わる存在として、一九五七年六月五日のアイゼンハワー大統領による琉球列島の管理に関する行政命令（行政命令第一〇七一三号）に基づいて発足し、次の権限を有するものとされた。すなわち、琉球政府の行政主席の任免権および立法院によって制定された立法案の拒否権。かぎ（合衆国の安全財産又は利害に影響を及ぼすと認める。特に重大なすべての事件、また紛争かぎ）を琉球政府裁判所から裁判権、さらに行政命令に基づく使命を達成するために必要と認めるときは法令を交付するなどの権限を持ち、まさに三権のすべてを有する存在であった。大田昌秀『沖縄の帝王　高等弁務官』（久米書房）一九八五年。
(12) ドナルド・フェルッディナンド・ブース：一九〇二年ニューヨーク州生まれ。陸軍士官学校卒業。陸軍長官特別補佐官。統合参謀本部。陸軍参謀部人事担当補佐官、人事担当参謀部長をえて五八年五月から六一年二月まで高等弁務官に在職。
(13) 瀬長、前掲書八六～八七頁。なお、その詳細は図表5を参照。
(14) 実際には、この数字には宅地を軍用地に接収されたため、戦前の畑を宅地に転用したもの、戦災によって耕地として活用できないほど荒らされた状態にある土地の面積が含まれているため、全てを考慮して活用できる状況にはなかった。瀬長前掲書八六～八七頁、同二九頁。
(15) 同二九頁。

（16）『琉球新報』二〇〇〇年十二月二十八日付
（17）From American Embassy, Phnom Penhto the Department fo States, Washington6, SUBJECT: Japanese Immigration to Cambodia, March7, 1956, RG319, Box7（オフラハーティー文書、沖縄県県公文書館所蔵）。
なお、文中の「サンクム」とは、一九五〇年代のカンボジア王国のシアヌーク政権を支えた与党のことであり、仏教を基調とした王政社会主義を志向していた。その後、一九七〇年のロン・ノル将軍によるクーデター以降のカンボジア内戦で自然消滅した。なお、カンボジア側の当時の記録はその後のカンボジア内戦で一九七五年に政権を握ったポル・ポト政権による粛清や内戦で、おそらくは一つも残存していない可能性が高い。
（18）琉球政府労働局「資料琉球労働運動史」（同、一九六二年）六頁によれば、日本道路建設株式会社（以下、引用以外は日本道路社と略）の争議は次のように概略が記されている。
「浦添村（現浦添市）城間在の日本道路株式会社は軍の請負工事に従事する会社であるが、同社社員百四十三名が、①給料早期支払い②宿舎及びその施設の完備、の要求事項を掲げて一九五二年六月五日からストに入ったのであるが、労働者側全員は六月十日昼四時ころから「我々は日本人だ」「蚊帳を与えよ」「悪質土建資本を倒せ」のプラカードを押し立て、労働歌を合唱しながら支柱デモ行進をなし、行政府および立法院におしかけ善処を要望した」

ちなみに前原前掲書によれば、要求項目は以下の通り。①賃金を三割値上げのこと、②首切りを行わないこと、③賃金を即時支払うこと、④内地人（引用者注―本土から就業してきているものを指す）と現地人の差別を撤廃すること、⑤厚生施設をもっとよくすること（イ）雨の漏らない宿舎にすること、（ロ）蚊帳を支給すること、（ハ）畳を支給すること、（ニ）食器ハシを支給すること、（ホ）宿舎への断水をしないこと、（ヘ）便所その他の衛生施設をすること（ママ：衛生施設を完備すること、の誤記か?）、⑥公務傷害による休業には平常の賃金を支給すること、⑦病気のための休業には食費を支給すること、⑧会社の都合で休業するときは平常の賃金を支払うこと、⑨メイド、キーパーの賃金を会社で負担すること、⑩スト期間中の賃金を平常どおり支給すること、⑪税法に定められたとおりの扶養家族年齢を一六歳とすること、⑫会社側で納入した税金の明細票を公開すること、⑬賃金は班長の手を経ずに支払うこと、⑭緊急の場合は支払わなく、外の日でも支払うこと（ママ、引用の誤りか?）、⑮食糧配給を受ける措置をすること、など。なお、当時の賃金格差を参考までに掲げておく。

国　籍	一時間当たりの最低賃金	一時間当たりの最高賃金
米国人	一ドル二〇セント	六ドル五二セント
比島人	五二セント	三ドル七〇セント
日本人	八三セント	一ドル三セント
沖縄人	一〇セント	三六セント

（19）ちなみにこの労働争議に関して、同年六月一一日の琉球政府立法院で瀬長は日本道路社の争

議の状況について次のように述べている。

「…この問題は既に二か月前から起こっております。賃金支払いに対してストライキも起こさずに労働者が我慢に我慢をしていた。然し暴力によって殴られた、たまらなくなって全飯場（四つの飯場であります）結束して所謂自分の働いた賃金の支払いの要求、これは何といってもストライキの目的にはならんような本当の最低のものであります。…自分たちが働いて当然受け取るべき賃金を二ヶ月も払って貰えない、その上遂に暴力をふるうに至っては我慢ならずに自然に発生したものであります。これは一日平均百十円と会社側はいっておりますが、百十円或は百五円貰っているが、これが毎日あるのではなく請負制度である。これはこの道路株式会社だけにあるのでなしに全沖縄に於ける日本本土土建業者のとっている制度であります。…タコ部屋というものを作って半失業者の状態に押込めている日本の土建業者の制度であります。この制度下においても而も平均一日に百十円とは云い乍らも或は一ヶ月で十五日しか働けない、或いは場合によっては十日というと千百円である、勿論ご飯は食べている、向こうから出したり出さなかったり食べてはいるが全然小遣いも何もない、況や自分の郷里に待っている妻子に送金することができないという現状である」（琉球政府『琉球労働運動史』七頁）。

そしてこれらの報告書を受けた琉球政府立法院は同年六月一一日に「労働者の待遇改善に関する決議」を可決し、米国民政府民政副長官に提出した。しかし、日本道路社側が労働者全員に解雇を通知して雲隠れをしてしまい　労働者側は要求貫徹を掲げてハンガーストライキに入った。一方琉球政府立法院では、労働組合法と労働基準法が提案され、その審議も行われていた。

(20) 琉球政府立法院が可決した「日本道路建設株式会社土木労働者の待遇改善について」は次の通り。

「日本本土請負業者、清水建設の下請負、日本道路会社の城間飯場における土木労働者の百五十名の待遇は、我が琉球における労働者階級の、惨めな状態の最悪なものである。彼等は終戦後七年間、農村経済のとばっり（ママ：とばっちりの誤記か）を受けて、父母妻子を残して郷里を離れ、現在の職場に仕事を求めたのであるが賃金の不払い、昔ながらのタコ部屋制度の重圧下に呻吟しながらも、いつかは所待遇が改善されるものと耐えるだけ耐えしのんできたのである。しかるに最近の会社側の不法な処置に遂に奮起、去る六月七日、賃金の即時支払い、待遇改善を会社に要求し目下を生きるための闘いを続けている。我々はこの琉球において、タコ部屋の如き飯場のあるを恥じるものである。従ってかかる悲惨なる労働条件を一掃しなければならぶものと信ずる。琉球政府立法院は、決議をもってかかる奴隷労働の排除に対し、適切な処置がなされるよう行政府に要請するものである。

一九五二年六月十一日

立法院議長名

行政主席宛」

この決議文は、琉球政府行政主席のみならず、民政副長官のほかにも関係土建業者にも送付された。

なお瀬長は、近年没後に公表された手記で、労働三法制定当時の状況に関して以下のように記していた。当時の沖縄における労働法制定、とりわけ基地労働者の労働基本権確立の際の困難さの一端が理解できると思うので、参考までに該当箇所を引用する。

「…燃え上がった労働法制定の世論の火を消すことは軍事権力によっても不可能になった。日本の労働三法を立案したとかいう労働法の『専門家』サリバンがGHQから派遣された。サリバンは米民政府を代表して立法院労働委員会と労働三法について意見を交わし、難航中の労働法制定問題を米軍に有利に、しかも県民の世論にいくらかこたえる柔軟な姿勢をみせはしたが、それによって選良（ママ：占領の誤記）支配体制に少しでも亀裂の生ずるおそれあるものについては断固として拒否しつづけた。…私はサリバンと激論を続けた。とりわけ基地労働者のスト権についてであった。労使対等の原則、スト権はこの原則の骨幹だ。スト権は労働基本権支える立柱であること、柱をぬきとられたら労働基本権なるものは、山田の案山子に等しいものであることなどを主張して譲歩を求めたが、彼は石のように一歩もひかなかった。『労働布令によって軍は、労働組合をつくる権利と団体交渉の権利は与える。それだけでも現在より前進ではないか。アメリカ本国でも国家公務員はスト権を与えられていない。日本の労働組合法でもその通りだ』と彼も自分の主張をかえない。米軍のかべのつきやぶりがたいことを私は感じた。私は、しかし彼に妥協し、やむをえませんとは言わなかった。どこまでも基地労働者のスト権を主張しつづけた。」（瀬長亀次郎著・沖縄タイムス社編『カメジロー抵抗の序曲戦後八年間の手記』（沖縄タイムス社、二〇二三年、一一八～一一九頁）。

なお、ここで出てくるサリバン（Philip Sullivan）という人物は国務省国際労働・衛生課員で極東専門家。米国政府の対日占領政策の立案機関であるSWNCC/SFEの対日労働政策担当官として「SWNCC-92」＝「SFE―140」の起草に参加した。その後一九四五年、労働組合法に対する批判文書を書いた。総評結成促進のために来日。竹前栄治『戦後労働改革―GHQ労働政策史』（一九八二年、東京大学出版会、五七頁）。

（21）

就業者総数	農林業	非農林業	軍雇用	軍雇用者非農林業者数	
一九五五年	三二万九一〇〇人	一七万三五〇〇人	一五万五六〇〇人	五万一三〇〇人	三二・三％
一九五六年	三四万六四〇〇人	一八万二八〇〇人	一六万三六〇〇人	五万一五〇〇人	三一・五％
一九五七年	三四万九七〇〇人	一八万五六〇〇人	一六万四一〇〇人	四万四三〇二人	二七・〇％

（出所：琉球政府労働局調査課『労働経済図説』一九五七年版）

(22) 布令一一六号の実態については、幸地成憲「布令一一六号の問題点」琉大法学第五号（一九六四年五月）が詳しい。なお幸地の死後出版された『米国統治下の沖縄労働法の特質』（幸地成憲論文集）にもこの論文は収録されている。
(23) この基地労働者の区分について解説を加え付け加えておく。まず合衆国政府が雇用主として国防省の予算から賃金を支給されている。労働者は第一種被用者。いわゆる独立採算制度に基づいて運営されている合衆国政府の諸機関の支出から賃金を受け取る。労働者は第二種被用者とされた。また、米軍の軍人、軍属などに雇用されているハウスメイドなどは第三種被用者。米軍と建設請負契約を結んでいる業者、あるいは基地内で営業している業者に雇用されている労働者は第四種使用者とされた。
(24) USCAR, Civil activities in the Ryukyu Islands, VOL.No.3.p.83.
(25) 前原前掲書、三〇頁。
(26) 幸地成憲「布令一四五号労働組合の認定手続きについて」『琉大法学』第二号、一九五九年七月。
(27) 沖縄社会党。一九四七年九月一〇日コザ市（元沖縄市）で結成。のちに同年一〇月一三日に結成された琉球社会党と一〇月二〇日に合同し社会党を結成。その基本的性格は親米的性格を中心に米国の信託統治を支持。米琉関係の改善、防共強化対策、民主政治の推進、琉球産業の機械化、外資導入の歓迎などが含まれていた。のち五二年四月七日に解散。後の日本社会党

（現社会民主党）沖縄県連とは別組織。比嘉幹郎『沖縄政治と政党』（中央公論社一九六五年）、九九～一〇〇頁。

(28) 共和党。一九五〇年一〇月二八日結成。幹事長は新里銀三。政策に当初琉球独立を掲げ、親米反共を路線に掲げていた。のち五二年八月三一日に琉球民主党と合同。沖縄自由民主党の前身。

(29)『沖縄人民党の歴史』九二～九四頁。

(30) 防共法制定をめぐる米国民政府および合衆国軍部などの動きについては、宮里前掲書、一一二から一一三頁。なお、これに対する住民の反撃は『沖縄人民党の歴史』参照。

(31) 西村富明『奄美群島の近現代史―明治以降の奄美政策』（南方新社、一九九三年）、一七二頁。なお、米国政府内部における奄美諸島と沖縄の占領政策の策定については。ロバート・D・エルドリッチ『沖縄問題の起源―戦後日米関係における沖縄 1945-1952』（名古屋大学出版会、二〇〇三年）、同『奄美返還と日米関係―戦後アメリカの奄美返還・沖縄占領とアジア戦略』（南方新社、二〇〇三年）などを参照。

(32) 社会民主党。一九五〇年八月二三日結成。戦前、日本共産党の活動に参加し、治安維持法違反で検挙された中村健太郎が雑誌『自由』の創刊者である泉芳郎を説得して結成。初代委員長は豊蔵知秀。綱領には「わが党は米軍政に協力し、大島に残る反民主勢力を排除して…」との文面を入れ、米軍政府に許可申請を行った。一二月一〇日の大会で新院長に泉義郎、書記長に佐野喜島を選出。翌五一年二月一三日、奄美大島日本復帰協議会結成を呼びかけ、一四日に規約が成立した。議長に泉芳郎が就任。日本復帰運動の牽引車としての役割を果たした。五一年一二月二九日三〇日沖縄人民党と合流、琉球人民党となる。その後、人民党は五三年一月一五日に奄美大島日本復帰協議会から除外された。吉田慶喜『奄美の日本復帰運動史資料』(私家版、一九九四年)参照。

(33) 泉芳郎。一九〇五年徳之島生まれ。五〇年社会民主党委員長。日本復帰後、日本社会党に入党。五九年死去。

(34) 日本共産党奄美地区委員会『奄美の烽火』(日本共産党奄美地区委員会、一九八四年)二〇一～二一四頁。

(35) 沖縄人民党事件についてここで触れておこう。一九五四年七月一五日、米国民政府副長官オグデンが当時沖縄人民党中央常任委員であった林義巳、全沖縄労働組合協議会事務局長畠義基の両名に対して両名とも奄美大島出身であることから、奄美大島の復帰とともに外国人にされ、外国人登録の手続きを取っていたが、四八時間以内に退去せよとの命令を出したことから始まった沖縄人民党への弾圧事件を指す。実際には、この時間内に対応できる交通手段は皆無であり、退去の理由も好ましからざる人物だとの一点張りだったため、瀬長をはじめ人民党幹部は厳重な抗議をしたが撤回されず、畠は人民党員の自宅で逮捕。また、書記長である瀬長を出入国管理令違反、布令第一号違反の疑いで逮捕。このほかの人民党員や支持者を含め、約四〇人近くが逮捕された。裁判は弁護士抜きで行われ、瀬長は懲役二年、当時中央委員の又吉一郎は犯人隠匿幇助で懲役一年が宣告された。

この事件に対して、沖縄人民党の歴史では、「この弾圧はアメリカ帝国主義のおおがかりで、計画的な県民弾圧の中軸をなすものと判断する一方、この弾圧事件に至る過程の中で、人民党がとった方針には戦術的な誤りが含まれていたことは事実である。オグデンのこの命令を拒否して戦うのに、姿を消すという方法を結果的には認めたことである」と自己批判的な見解も述べている。なお、主犯とされた畠義基については裁判の中で党を裏切ってアメリカ軍に忠誠を尽くし、党弾圧に手を貸した。畠義基はアメリカ軍の手厚い保護を受け、一九五五年四月には釈放され、その後反党活動に走った（一六七頁）。瀬長もそのように回想している。瀬長『瀬長亀次郎回想録』（新日本出版社、一九九一年）一一八頁。

また国場はシンポジウムの中で、畠の裏切りについてこう述べている。

「この時期、労働組合は米軍政府の反響キャンペーンの下で、幹部や活動家が指名解雇されて壊滅状態に追い込まれつつありました。そのため、上部組織である全沖縄労働組合協議会、全沖労は下部組合からの組合費の納入もなくなり、極度の財政難に陥っていました。そんなある日、全沖労事務局長の畠義基が情報さえ提供してくれるなら、質草はなくても金はいくらでも都合してあげると言っている。その人から金を借りようと思う」と私に話しました。私はＣＩＣ（米軍対民間諜報部隊）が畠をスパイ工作の標的にしていると直感して、労務課職員への情報提供を一切やめるよう畠に厳しく注意しました。林と畠に米軍政府から退去命令が出たのは、それから数日後のことです。組合関係、野党関係をスパイする手蔓をきられたことに対して、ＣＩＣと米軍政府が報復的攻撃を仕掛けたもの」（前掲一五八頁）と推測している。

これらの証言から考えても、当時の沖縄人民党への弾圧が単なる偶発的なものではなく、合衆国政府および米国民政府によって周到に仕掛けられた計画的な弾圧事件とみて間違いないだろう。

その後瀬長は一九五四年一〇月二一日投獄されたのち、五五年一月には宮古刑務所に移送された。その後、獄中で胃潰瘍を煩い再度那覇刑務所に移送された。この時、執刀に当たった長浜雅之医師は万が一に備えて自家発電装置を用意して手術に臨んだ。そして刑務官が付き添う中で、手術中に電源が切られるなどのアクシデントが発生したが、手術は無事成功した。

なお瀬長が那覇刑務所に収監されている最中に沖縄刑務所事件が発生し、受刑者の無権利状態を改善する運動が起きた。その詳細については、瑞慶覧調和『米軍占領下の沖縄刑務所事件』（月刊沖縄社、一九八三年）参照。そして瀬長自身は五六年四月九日、刑期終了前に釈放された。

第3章
冷戦戦略の修正に伴う沖縄占領政策軌道修正と労働政策の転換

（1958～1964）

2.4ゼネストの成功を目指す県民大会

1　アイゼンハワー政権末期からケネディ・ジョンソン政権に至る対アジア政策の動向と沖縄

一九五〇年代から六〇年代にかけて、アジアにおけるアイゼンハワー政権の軍事延長援助および支援はアジア諸国の中でも大韓民国、台湾、インドシナ（南ベトナム、ラオス、カンボジア）にその焦点が向けられていた。(1) 例えばラオスには、一九五四年から六二年にかけて約五千万ドルを投じたと指摘されているが、その大部分は当時のラオスにおける、プオミ・ノサバン将軍による右翼政権の支配のために使用されたと言われている。(2)

このように、アメリカの対アジア戦略は、韓国から東南アジアを含めた地域をその管轄としていたが、沖縄については前章で述べたような住民の多方面にわたる占領支配への抵抗運動、労働運動、軍用地接収反対運動、祖国復帰運動などが合衆国政府および米国民政府に占領政策の軌道修正を一定余儀なくさせるものとなった。

特に一九五六年一二月二五日の那覇市長選挙で、米軍が共産主義者と見なしていた人民党書記長の瀬長亀次郎が市長に当選し、その後、市議会議員選挙で自民党をはじめとする与党が不信任案を否決できる状況となるや、布令を改定して瀬長の立候補を禁止した。[3] にもかかわらず、瀬長を支援した与党勢力が「民主主義擁護連絡会議」[4]を結成し、その支援を受けた後継者である兼次佐一[5]が対立候補である平良辰雄を押しのけて当選すると、合衆国内外から軍部に対する様々な批判が起こった。

こうした動きを懸念した当時のダレス国務長官は、米国の対日政策に関する覚書をまとめた。そして、ロバートソン国務次官補に対しては、五八年一月二八日までに沖縄問題の処理方法に関する文書の作成を指示し、米国の琉球諸島に対する政策に関する国家安全保障会議草案を作成して二月一日に提出させた。[6] そしてこの覚書に添付されている文書には、沖縄の経済開発について米国の負担を軽減するために、本土資本を含めた外資導入を図ること、沖縄と日本本土の経済的、文化的、政治的接触を深めることなどが提案されていた。[7] 一方マッカーサー駐日大使も沖縄問題は軍事問題ではなくて、政治問題であることを強調する文章を送り、琉球列島の施政権を合衆国が維持し続けることは、日米関係を損ねることになると警告していた。[8] しかし、軍部の側は陸軍次官補ジョージ・A・ロデリックが沖縄の政治状況は悪化しつつあると反論し日本の潜在主権を強調するよりも、合衆国が施政権を堅持することの重要性を強調した。[9]

こうした国務省と軍部の対立の合間を縫うような形で、アメリカ国家安全保障会議（National Security Council＝NSC）の作戦調整委員会は、日本に関する作業班、NSC5161に関するものを設置した。この作業班は二月二六日、六項目にあたる問題について報告書を提出したが、それらは軍部と国務省の対立を露呈するものにしかならなかったのである。[10]

2　日米安保条約の改定と沖縄―NEATO構想への動きと挫折

さて時期が前後するが、一九五八年九月、日本政府の藤山一郎外相とダレスによる会談が行われ、一九五一年に締結された日米安保条約の改定交渉を開始する合意が取り付けられた。これらの動きは、沖縄における軍用地問題が一応の解決をみたことで、日本政府にとって沖縄問題を経済援助問題にすり替えることを可能にしたものとなった。[11]

ところで、安保条約の改定における暗黙の重要な一つは、改定における日米の共同防衛地域であった。改定交渉の初期には沖縄・小笠原をその対象とすることで、両国に意見の一致が見られた。そしてこれが実現すれば、フィリピン、台湾、韓国との相互防衛条約ですでに共同防衛地域とされている沖縄・小笠原が含まれ新たな軍事条約、すなわち東北アジア条約機構（NEATO）の構想が事実上完成することになることは間違いなかった。しかし、この構想はそのまま実現する形にはならず、五九年四月に自由民主党が日米安保条約改正要綱を決定するまで尾を引いた[12]。

一方、日米安保条約を米軍への積極的な軍事協力の拡大とみなす日本本土の革新政党および労働団体などは一九五九年三月に「安保条約改定阻止国民会議」を結成。日本社会党（現社会民主党）、日本共産党（オブザーバー参加）など一三〇団体以上の政党労組各種団体が結集し、安保条約改定阻止の運動を展開した。しかし、こうした日本本部のいわゆる安保闘争は、必ずしも沖縄の軍事基地強化反対、祖国復帰といった沖縄住民の掲げていた要求と連動する形での運動にはなっていなかった。

こうした日本の政治的社会的状況の中で、沖縄県祖国復帰協議会（以下、復帰協と略[13]）は島ぐるみの超党派的な運動を担う組織として、一九六〇年の四月二八日、いわゆるサンフランシスコ講和条約が発効した日に結成されたのであった[14]。

3　日米新安保条約の締結と沖縄

一九六〇年六月一九日、国民の反対運動にもかかわらず日本の国会で日米安保条約の改定が自然承認された日に、アイゼンハワーは沖縄を訪問した。実はこの訪問は、フィリピン、台湾、日本、韓国を歴訪する途中の訪問であった。この訪問に際し、あらかじめ日本政府の小坂外相と会談を得ていたマッカーサー駐日大使は当時、琉球政府行政主席であった大田盛作に小坂との会談の要旨を以下の旨を伝えた。

すなわち、安保闘争によって米国民と議会では日本の政情不安のために沖縄を統治することがアジアの自由主義陣営の安全保障にとっていっそう重要になったとの声が高まったこと、さらに沖縄で問題が発生しない限り日本政府が沖縄の施政権返還を要求しないこと、さらに長期的な経済発展や福祉計画について、日本と沖縄が十分に協力することが、日本政府にとって施政権返還を求めないために必要である、と強調したことなどである⑮。そして安保闘争の渦中でアイゼンハワー大統領が沖縄訪問した際には、アイゼンハワー米国大統領に祖国復帰を要求する県民大会を開催し、一万人以上が参加した。この県民大会に参加した県民は、会場から琉球政府庁舎前までデモ行進を行ない、アイゼンハワーは結局予定のコースを変更し、那覇飛行場からヘリコプターで嘉手納空軍基地に向かい、それから韓国へ向かった。アイゼンハワーの一連の行動そのものは、当初から予定されていた歴訪の一環であったが、この県民の運動は日本本土での日米安保条約反対の国民的運動と文字通り呼応しあうものであった。

4　ケネディ新政策と沖縄の経済労働政策の転換

（1）アイゼンハワーからケネディへ

安保闘争が一段落し、日本では岸信介内閣が退陣し、池田隼人が首相に就任した頃、アメリカ大統領がアイゼンハワーからジョン・F・ケネディ[16]に代わった。

そして安保闘争の翌年である六一年三月、ケネディは駐日大使ダグラス・マッカーサーと新しく駐日大使として赴任する予定のエドウィン・O・ライシャワー[17]と会見し、沖縄の状況についてマッカーサーから沖縄を日本に返還するまでは施政権に関する問題は継続して行くだろうとの見解を聞いた。一方、六月に行われた日米首脳会談ではアジア地域におけるアメリカの反共政策に協力する形での日本の開発途上国援助などが話題の中心となった[18]。この当時、合衆国は経済開発協力機構ＯＥＣＤ、多国間援助など数億ドルもの経済援助を開発途上国につぎ込んでいた[19]。

ケネディはこのような形で開発途上国への積極的な経済援助を進める一方、軍事的にはアイゼンハワーの「ニュー・ルック」戦略から「ニュー・フロンティア」政策への転換を進めていった。こうした合衆国の政策転換は、沖縄に対しても適用された。池田・ケネディ会談後に合衆国より派遣されたカール・ケイセン（Carl Kaysen）[20]を団長とする「ケイセン調査団」は経済援助の増大、米国の経済使節団の常駐行政機構の簡素化、日本政府との協力、日本の主権のより明確な表現の五点をケネディに勧告した。[21]

これらの政策の狙いは、合衆国政府の援助拡大と日本政府からの援助の拡大、米国民政府の行政機能の琉球政府への移譲、個人的自由の制限となる諸法規の緩和ないしは撤廃を検討していくことであった。[22]だが、それらはあくまでも沖縄の円滑な占領支配が自由世界の安全保障上の利益のために寄与するものとなるために不可欠だったからである。

（２）一九六〇年代前半の労働運動における支配と介入の手法

以上のような米国による対アジア政策及び対沖縄占領政策の転換に合わせて、沖縄に対する政策はどのように転換したのだろうか。ここでは主にケネディ政権下の労働運動について触れるが、その前に占領統治を支配する側は、「される側」をどうみていたのか。この問題についてて宮城悦二郎は、かつて沖縄における米国民政府側の視点についてまとめた『占領者の眼』の中でこう述べた。

「見ることは見られることであり、その逆でもある。アメリカ人が沖縄住民をどう見たかを知ることは、なぜ彼らがそのような見方を知ることにもなるが、同時に、なぜ住民がそう見られたかを知ることによって、自分を知ることにもなる。そのような意味で、アメリカ人の沖縄観を検討することは、沖縄の戦後史を理解するひとつの方法であるといえよう」[23]。

そこで実際に、宮城の指摘の通り沖縄県民の支配の手法と労働運動の分野における米軍駐留の正当化とその受容が、占領下における沖縄の労働政治においてどのような過程を経てなされたかを、公表された一九六〇年代前半の米国民政府資料、新たに筆者が入手したパンフレット、当時の関係者の証言などを中心に考察する。

これらの視点は、もちろん支配する側の視点であり、本書での抵抗する側の社会労働運動を重視する視覚とは異質である。しかしながら、労働政策を展開する側からみた場合、このような視点が沖縄の占領統治政策を確定・実行する側にどのように形成され、また祖国復帰闘争が全県民的な社会運動の課題になる一九六〇年代前半の労働政策にどのように反映されることになったのかを知るうえでは、きわめて有効な手法であると考える。

平良好利は、米国の占領統治政策の変化について、一九五八年一月十二日に実施された那覇市長選挙の結果を踏まえて以下のように述べている。

「こうした兼次の勝利と民連ブームに危機感を抱いたのは、ダレスをはじめとするアメリカ国務省であった。同省はこの兼次の勝利を契機に一括払い政策を含めたアメリカの対沖縄政策の全面的見直しを開始することになる。那覇市長選挙から一週間後の一月一九日、ダレス国務長官はウォルター・S・ロバートソン（Walter S. Robertson）国務次官補に対し沖縄政策の再検討を命じるが、これを受けたロバートソンは、二月一日、今後沖縄でとるべき行動指針を記した覚書をダレスに提出する。（中略）沖縄の政治情勢の悪化を指摘したロバートソンは、沖縄における軍事上の立場を維持していくためには、もっと沖縄の政治的、経済的な問題にも注意を払う必要がある、とのべたうえで……次のような行動指針を挙げている。すなわち、沖縄の経済的能力を改善するために日本の資本も含めた資本投資を促進すること、沖縄と日本の経済的、文化的、そして政治的な接触を拡大していくこと、そして『軍事上重要でない土地は全て遅滞なく琉球人に解放すること』、などである。」

「また沖縄現地の総領事館や東京の駐日大使からも、対沖縄政策の見直しを求める文書が、相次いでワシントンに送られてくることになる。一月三〇日、沖縄のデミング総領事は、『琉球―アメリカのキプロス』と題する長文の報告書を本省に送り、軍によるこれまでの沖縄統治を徹底的に批判している。この報告書のなかでデミングは、世界の目からみて沖縄におけるアメリカの立場は『植民地主義』と極めて近い、とのべたあと、沖縄における政治上の問題（自治の制限、主席公選などの問題）、経済上の問題（長期計画の欠如、基地経済の脆弱性などの問題）、土地問題、そして日本復帰問題などを詳しく取り上げている」(24)。

以上のような平良の分析にみられるように、米国の対沖縄政策の見直し自体は、一九六一年のジョン・F・ケネディ米国大統領の登場と、日本における六〇年安保闘争を受けての岸信介内閣の総辞職と池田内閣の出現を待たずに、既に一九五八年頃から行われていた。すなわち、軍用地強制収用に対する「島ぐるみ闘争」の収束と、那覇市長選挙における瀬長亀次郎当選とその後継者の当選直後から開始されていた。

このことは、米国の沖縄占領政策が、「ムチ」一辺倒の支配―すなわち、沖縄県民に対して政治的な権利を一切認めず、軍用地の強制収用に見られるような軍事的収奪の方法―から、「アメとムチ」、すなわち軍事的強硬手段一辺倒では、沖縄県民の意識をますます反米に追いやるため、支配そのものが危うくなるので、一定の経済開発による県民生活の「向上」と、「自由で民主的な」（すなわち、反米的でないような）労働運動の容認、という方向に舵を切る方向に転化した、とみてよいだろう。この見方を踏まえ以下では、一九五八年から六〇年代前半に至るまでの政策を、労働政策を主に分析する。

①島ぐるみ闘争（土地の強制接収反対に対する取り組み）以後の労働政策の転換

これまでみてきたように、一九五八年ころに至る米国民政府の支配手法は、強権による徹底した軍事的手段による弾圧が中心であった。しかしながら、一九五〇年代に入って本格化した軍用地の強制収容に対する沖縄県民の「島ぐるみ闘争」が超党派で展開され、米国占領支配の最も急進的な指導者である瀬長亀次郎が那覇市長に当選すると、運動の弱体化を図るため「アメとムチ」の政策をとるようになった。すでに労働運動においては、沖縄人民党事件で弱体化した労働運動の在り方に対して、一九五六年に国際自由労連が調査団を派遣、勧告を出した。

この中では、「自由世界の防衛が、沖縄を軍事支配の優位かの軍事基地として使用することを必要とする限り、決して完全な民主的条件が沖縄に実現されることはないだろう」と記されていることなどから、一定の労働条件の改善と労組結成の必要性そのものについては認めていながら、米軍駐留の必要性自体は認めていた。また土地闘争では、沖縄人民党よりもその政治姿勢において動揺的な民主党、社会大衆党などに働き掛け、土地闘争から手を引かせた。しかしながら、一方で米国による占領統治への最も強硬な批判者である沖縄人民党を中心とする政治勢力が、民連ブームと呼ばれる形で急速に影響力を拡大する中で、総領事館、駐日大使などからのワシントンへの現地の切迫した政治情勢の報告は、アイゼンハワー政権をして施政権返還を含めた対沖縄政策の転換を余儀なくさせるものとなった。そして実際、沖縄人民党事件などにみられる強権的な労働運動・革新運動への弾圧、宜野湾村伊佐浜、伊江村にみられるような占領権力を駆使した弾圧にもかかわらず、沖縄県民の運動は人民党書記長瀬長亀次郎の那覇市長選挙での当選、十数万人もの県民が結集したプライス勧告反対闘争などの高揚を示した。これらを目の当たりにした米国政府は、対沖縄統治政策の転換を余儀なくされ、アイゼンハワー政権の末期は、経済発展への支援と施政権返還を視野に入れた政策転換、さらには経済主義的労働運動の育成と文化的支配による占領統治を模索する方向へ動き出した。

その象徴的な事例として、一九六一年に誕生した米国のケネディ政権が沖縄に派遣したカール・ケイセンを中心とした「ケイセン調査団」の報告書[25]と、そこに盛り込まれた労働政策に関する勧告についてみていくことにする。

②ケイセン調査団の報告書と労働支配の構図――ICFTU、米国民政府、および米国政府

前述した「ケイセン調査団」は、ケネディ大統領に対して、①経済援助の増大、②米国の経済使節の常駐、③行政機構の簡素化、④日本政府との協力、⑤日本の主権のより明確な表現、の五点を勧告した。いうまでもなく、これらの政策勧告は沖縄の占領支配が「自由世界の安全保障上の利益」のために不可欠であるために行われた。

なお、ケイセン調査団の報告書は以下の目次で構成されている。

Ａ労使関係の全体像

布令一四五号、布令一一六号、渡航制限、合衆国政府施設の労使関係、労働者教育

Ｂ賃金、残業手当、社会保障

合衆国の賃金政策、残業手当、合衆国政府交付金時期の選定、合衆国との契約業者の労働者の保護、「琉球政府」職員と教職員の給与、社会保障、「琉球政府」職員の退職金制度、民間企業のＯＡＳＩ、健康保険、失業保険、労災保険、公的扶助、その他の社会福祉事業

Ｃ経済開発における労働

労働に付随して増加した支出の経済的効果、人的資源の現在、人的資源の計画の必要

この中で一九六一年一〇月に、当時国際自由労連沖縄駐在事務所代表であるＧ・Ａ・ダニエルによって予備的に作成された報告書、"ICFTU Report to the Ryukyu Island Social-Economic Survey Team" では、米国政府及び米国民政府が、沖縄にどのような労働政策を持ち、どのような見解を持っていたかについて記されている。

まず冒頭では、一九五五年五月二〇日〜二八日のＩＣＦＴＵ世界大会（ウィーン）での報告

書の検討と五月一五日の沖縄派遣が述べられた。その後、一九五六年の勧告で述べられた「強力で自由な労働組合運動」が発展していないこと、さらには勧告自体が「殆ど実行されていない」ことが報告された。しかしながら、「自由で民主的な労働組合運動の発展…その機は熟しており、自由で民主的な労働組合運動を支援することができる」とも述べ、さらに「我々は世界労連（WFTU）の眼差しが沖縄の労働運動にも注がれていることを理解しなければならない…軍部と「琉球政府」双方が、労働組合の発展を締め付けるのをやめさせ、労働運動が世界労連の獲物になりかねないことが共産主義者達の明確な手法であることを理解させなければならない」としている。

これらの記述は、国際自由労連が沖縄における「自由で民主的な労働運動」発展の担い手になること、またそのためにも米国民政府及び琉球政府による労働政策の転換が求められていること、さらには自由で民主的な労働運動を発展させることが、世界労連による沖縄の労働運動への浸透を防ぐ、との認識が存在した、といえよう。

③米国側は沖縄の労働運動をどうみていたか(1)―ケイセン調査団報告書より

なおこの中では「琉球人労働者」に対する米国側のへの見解も記されている。すなわち「琉球人労働者」は、その「多くの労働者は反米でも親米でもない。しかし、米国当局が労働者の動向に過剰な反応をすれば、多くの労働者を反米的な方向へ追いやるだろう」。そして、米国民政府がこれらの危険に「あまりにも無神経」である、とも指摘している。そして、以下の二点について勧告した。

・米軍基地の「安全」は、琉球人労働者が解雇される事で、反米的な状況にますますさらされることを意味する。
・琉球人の心情に、米国に対する親密な環境を抱かせるために、労働事業により積極的に予算を注ぐことである。

この二点について指摘したのち、「広い視野でみれば、われわれの基地の安全は、進歩的な労働政策を実行することにより、労働者を挑発するような制限事項を最低限度に抑え、それによって琉球人労働者の協力を求め、それを得ることで基地の安全を保障することが最善の策である」と判断している。そして、「労働者を挑発する実例」として、米国民政府によって布告された布令一一六号、一四五号とともに「長い申込書」が列挙されている。

なお、布令一四五号自体は全沖労連などによる「死文化闘争」によって一九六二年に撤廃されたが、その詳しい検討はのちに触れる。

④米国側は沖縄の労働運動をどう見ていたか(2)―基地労働者の場合

ところで米国側は、ケイセン調査団の報告書で最もその「安全」の確保に不可欠ともいうべき、基地労働者の労働運動をどう見ていたのであろうか。この問題を考えるうえで、一九六〇年に出されたドナルド・ブース高等弁務官によるダニエル・ロビンソンICFTU沖縄事務所長への書簡（以下、ブース書簡と略）は非常に示唆に富んでいるため、ここではその全文を掲載する。[26]

親愛なるロビンソン氏へ

九月十四日の会談で、貴殿より合衆国軍雇用員の組合結成に対する私の立場を公式に明らかにするよう提案がありました。そこで、私の立場を一般の人たちに示すことがなによりも重要であると考えますので、合衆国軍に雇用されている労働者の組織化への動向について、私の見解をこの機会に述べたいと存じます。

昨年のうちに、琉球諸島に於ける労働組合の数は、前年の三二%増加し、同時に組合員総数は七五%増加しました。歴史が示す通り、近代社会においては労働者の組織が生活水準の向上に中心的な役割を果たしてきており、秩序ある労働運動の発展を促進することが私の政策であります。生活水準の向上なしには、琉球諸島において地域社会の経済発展の基礎として必要な労働者の購買力が存在しなくなるでしょう。従って、経済成長における主要なカギとしての、組織化された労働者の成長を私は歓迎するものであります。

この組織化された労働者の成長とともに、軍のために働いている雇用員が、自分達の労働組合結成に乗り出す、惑いは組織化を行っていることは当然であります。もし、これらの新たな組織が真の意味で労組としての役割を果たそうとする動機に基づくものであるならば、それらの組合は歓迎されるでしょう。また、組合員の生活水準の向上のみならず、雇用主と雇用員との間のより良い相互の関係を作り出す点で、真に重要な結果を生み出すことが可能でしょう。

雇用員の組織の主要な目的は、その構成員のために法律の下で最大限の経済的利益を可能な限り守らなければならないと言うことです。このことを実行する上で、労働者の組織化の動きは、その相互関係も含め、雇用員として組合員の利益に結集させなければなりません。合衆国軍隊、またそれ以外の産業における雇用員のいかなる組織といえども、政治的課題にその行動を定める、あるいは組織するような組織は、基本的かつ現実の目的を見失っており、雇用員としての利益をほとんど分け与えることはできません。

軍労働者の労組結成を私は暖かく援助します。しかし、その一方で労働組合という名目で政治的な組織や彼らの間に結成されることは好みません。そして、そのような組織を労働組合とは認定しません。この政策は軍人雇用契約を結んでいる雇用員が個人としていかなる合法政党へも加入することは自由だという個人的な権利に制限を設けるものではありません。

雇用条件に関連する問題ですが、組合員のニーズや要求に敏感に対応するために、組合の基本的な組織単位は雇用上、同様の諸問題を有する集団にその範囲を限定するべきです。軍労働者の組合組織は、雇用されている単位の形式を踏襲すべきです。一つ以上の監督機関によって雇用されている労働者にとっては、単一の組織に労働者を組織化するよりも最も簡単な方法にするためには、スタッフセクションの主任や司令官を含んだ代表との交渉で、一つの雇用主の雇用員を代表するような別々の組織をつくるほうが現実的でしょう。どのような監督機関、あるいは管理機関にそこに雇用されている人々を除いて、雇用員と交渉することは適切ではありません。ゆえにそれを要求することに何の理由も見出せません。各課の主任、司令官、あるいはそれ以外の管理職は、労働条件を向上させる、あるいは他人のために働く人々に対して雇用主として特権を与えることは期待されていません。作業場単位でそのような人々を、より小さな労働組合の形態に組織することを阻むものが存在しない一方で、最も実現可能なリーダーシップはスタッフセクションないしは、それより小さな司令部のレベルで労働組合を組織することで見つけられるのではないかと考えます。

一つの労働組合が、その監督官が統括している部署の問題について、その監督官と交渉できないことは明白であります。全職員に関わる政策上の問題は、雇用局の民事将校に取り上げてもらうべき問題です。その理由は、すでに充分な数の軍の労働組合が組織されており、それらは連合体に移行するだろうと信じられているからです。個々の労働組合は、それぞれ自律的な立場を維持し、その職場の労働条件に関連する問題で直属の上司ないしは監督官と直接交渉すべきでしょう。しかし、人事政策を含む問題は、連合体によって民事将校との交渉で取り扱われるべきでしょう。

軍労働者の組合は団体交渉権を持たないものであると言われてきました。しかし、われわれの見解では、この見解は雇用契約に関する交渉について、その交渉できる範囲を雇用契約に関するものに制限するというのが真実です。政府の雇用では、立法で雇用契約について交渉する余地があります。しかし軍労働者を雇用主の議論と交渉から排除するようなものは法律上の規定及びその適用範囲には存在しません。

軍労働者の組合は、組織化のための独自の機能を持つでしょうし、その組織形態は雇用主と雇用員双方の利益となりうるでしょう。私は軍雇用員の組織が以下の理由で建設的な理由を果たすことができると思います。

a　監督側に雇用されている雇用員の制度上の問題を知らせるために、秩序ある建設的な批判の方法を提供する。

b　雇用員に対して、彼らを雇用している機関の人事政策、監督機関の方針、監督者側ができること、あるいはできないことの理由を説明し、認めさせる。

c　監督機関、そして一般に、司令部のその目的に対する機能と能率を向上させるための方法を提供する。

d　軍雇用の状況を改善するための公正な方法を提示する。

結論的にいえば、琉球諸島に駐留する米軍は、自由世界の平和と安全に貢献するために存在する、といってよいでしょう。したがって、各雇用員の側から自発的に雇用が受け入れられた後は対応する合衆国政府代行機関は彼らを雇用する限り、琉球における合衆国の役割を援助することを彼らに期待する権利を持っています。監督官ないしは雇用主が努力するか否かは、雇用員が自らの生計を立てることと同様に、雇用主側の目的の達成と成功のために雇用員を受け入れることと関係するでしょう。このことは、合衆国軍隊の軍雇用に関しては実によく当てはまります。雇用員は自らの雇用主たち（引用者註、合衆国政府代理機関を指す）の狙いと目的を支援するために雇用されているのだ、ということを理解することが望まれています。もし軍労働者の組合が、自由世界の平和を守るという目的に敵対するような課題、及び活動に労働者を組織するならば、労組結成は許されないでしょう。

以上、合衆国軍隊の雇用員の組織確立が、労使間に発生する問題により良い理解とその解決に貢献するということについての、私の個人的見解と希望をお受け取りください。

敬意をこめて
合衆国軍隊陸軍中将・高等弁務官
フェルディナンド・ブース

これらの表現から見て、米国民政府は「労組」が祖国復帰闘争、ないしは米軍基地の撤去などのような政治的課題に取り組むのであればあくまで認可しないが、労組の性格が「自由で民主的」であり、かつ「自由世界の平和と安全に貢献」することを理解した労働組合であれば

「暖かく援助」する、という方向に舵を切った、ということが理解できる。

そして、実際に上原康助[27]によって組織された全軍労連（のちに全軍労と改称）は、人民党に近い労組活動家が指導部に加わっている全沖労連には参加せず、県労協に加盟したことからも、このブース書簡が有効な「お墨付き」をはたしたといっても過言ではない。次に見るバス共闘問題もその象徴的な実例であるが、その前に米国民政府が沖縄の労働運動指導者をどう捉え、その動向について行動していたかをあらためて検討していきたい。当時の労組活動家芳澤弘明[28]の旧南ベトナム派遣問題とそのパスポート発給問題である。

⑤米国側は沖縄の労働運動をどのように見ていたか―芳澤弘明の旧南ベトナム派遣問題

ここでは当時沖縄官公庁労働組合副委員長を務めていた芳澤弘明へのパスポート発給拒否問題をあげておこう。芳澤は一九六〇年の時点ではまだ全沖労連の役員にすらなっておらず、また本土へのパスポート発給も認められていた。さらには、裁判所などで就労する国家公務員の労組である全司法労働組合にも大会にも参加していた。しかし、この事例ののち、四年間にもわたりパスポートの発給を拒否され、沖縄から一歩も外へ出ることを許されなかった、という。なお、このときの経緯について、芳澤自身は以下のように回想している。

私は一九六〇年に全司法大会に出席して沖縄に帰った後、まる四年ちかくもの間パスポートの発給を拒否され、この沖縄から一歩も外に出ることを許されなかった。そんなあるとき、国際自由労連アジア地域会議の執行委員会が南ベトナムのサイゴン市（今のホーチミン市）で開かれることになって、副執行委員長の私が沖縄官公労から派遣されてこの執行委員会に出席することになった。「日本本土行き位のパスポートは拒否されても、国際自由労連の会議出席までは拒否しないであろう。芳澤さん、今度はあなたが行っておいで」という糸洲一夫執行委員長（アジア会議の正執行委員）の配慮による派遣決定であった。…そこで私は今度ばかりは出るであろうと期待しつつパスポートの申請をした。…しかし、案に相違して、またしてもパスポートの発給は拒否された。官公労本部は国際自由労連沖縄駐在員のダニエル氏の力添えを頼んだ。ダニエル氏のお骨折りで、私は琉球列島米国民政府の労働部長スタウト氏と面談することになった。…糸洲委員長、本永書記長など三役に相談したところ「好ましくはないが、まず会ってみては」と言うことになり、民政府に出向いた。スタウト労働部長はステッキでオフィスの床をたたきながら、のっけから「ミスター・ヨシザワアーユーアメンバー・オブOPP?」「あなたは沖縄人民党員か」とたたみかけてきた。私は「ノー」と答えた。「ならば、日本共産党員か」との質問に私は「ノー」と答え「この種の質問にはこれ以上答える必要はない」と抗議した。あれこれのやりとりのあとでスタウト労働部長が言うには、『サプリメントフォーム（補助申請書）を書きたまえ。そうすれば、あなたの希望は好意的にあつかわれるであろう』とのこと。かの悪名高い補助申請書というのは、普通一般のパスポート発給申請書とは別に提出を求められる書類のことで、その中には、『あなたは共産党員か。沖縄人民党員か。』という質問事項のほかに、『あなたは過去、現在において、これらの者またはその関係者とつきあったことがあるか』など、答えようによってはいかようにもとれるあいまいかつ露骨な質問事項がら列されている。そして最後に、「以上にこたえたことはすべて真実であることを宣誓する。もし仮に虚偽の申請をした場合には、出入管理令上いかなる不利益を受けても異議はない」として署名捺印させられるのである。…そこで私が「仮にパスポートが出たとしても、今となっては航空便の関係で会議に間に合わない」というと、かれは「いや、弁務官は特別機を用意することもできる」とのことであった。私は一瞬、我とわが耳をうたがったが、考えてみれば、その当時、毎日のように軍用機がサイゴン向けに飛んでいたのであるから、それはあり得ないことではないとのみこめた。

私は即答をさけ、官公労本部に引き揚げて事の次第を中執会議に報告した。「補助申請書を書いてでも、この際行く方がいいのではないか」の意見も出る中で、本永書記長が一言、「そこまでして行くべきではない」と言われた。かなり動揺していた私は、一瞬目が覚める思いで「書記長のいわれるとうりにしたい」と発言し、機関の了解を求め、承認された（芳澤『沖縄の米軍と基地』あけぼの出版、14〜16頁）。

これらの記述と突き合わせると、沖縄の労働運動家の動向、特に米国民政府が左翼的な意思は沖縄人民党の支持者とみなす組合幹部の動静について、米国民政府のみならず、国際自由労連、合衆国政府、国務省、駐日アメリカ大使に至るまで、相当な神経を使って把握しようとしていた事がうかがえる。

そして実はこの芳澤へのパスポート発給問題は、米国民政府のみならず、アメリカ国務省、駐日米国大使などを含めた大掛かりな議論が展開されるほど、沖縄の労組活動家の動向を把握することは彼らにとって重大な問題であったのである。以下、その動向を解禁された国務省文書などを参考に追っていこう。

⑥三者による協議―南ベトナムへの芳澤のパスポート発給をめぐって

筆者の手元にある文書で、芳澤のパスポート発給問題についておそらくもっとも古い文書は国務省発行の一九六一年八月二五日付文書である（以下、芳澤ファイルと略す）[29]。これによれば、沖縄那覇から東京のアメリカ大使館宛文書の中で、重要事項として以下のように記されている。

高等弁務官は、沖縄の労働運動家であるヒロアキ・ヨシザワ（芳澤弘明）が9月21日から25日の間開催されるＩＣＦＴＵ-ＡＲＯ（引用者註―国際自由労連アジア地域支部）の会議に参加することを拒否したいとの意向を示している。国務省は人民党との関係で芳澤に疑わしい点があることに注目して、しかし、もしＩＣＦＴＵの会議出席を拒否できるということがアジア地域支部によって知られることになり、大衆的な問題となれば、このことが日本人およびその他の左翼的労働活動家にとって、より不幸な時期に役に立つことになろう。

芳澤が非共産主義者の会議に出席するか否かに関する問題は、われわれにとって沖縄人の間に生み出されている芳澤への好感を通じて、より穏便に対処するか、または（ＩＣＦＴＵ）アジア地域支部による合衆国政府機関に対する大衆的な批判を招くか否かにかかっている。

国務省は貴殿の評価を求める

ディーン・ラスク

（サイン）

この文章に対して、当時、駐日大使を務めていたエドウィン・ライシャワーは概ね以下のような返答を送った。

ＯＰＰのメンバーと、その積極的な支持者で渡航許可を求めて沖縄から出発する者は、通常、政治的所属や共産主義者との疑わしいつながりに関する情報を引き出すために設計された、補足的な、いわゆる「長い申請書」に記入する必要があるため、高等弁務官は通常の手順に従って芳澤にそのような申請書の提出を求めていた。特に彼がベトナムのような政治的に敏感な地域への出国を提案して以来である。これまでのところ、長いフォームに記入した申請者で渡航許可が拒否された人はいない。したがって、芳澤氏が実際にＩＣＦＴＵ会議への出席を拒否されると推定されるべきではない。

実際の否認は、(A)形式的な質問に対する彼の回答、(B)申請書提出後の面接中の彼の返答、(C)沖縄県外の政治的影響などの外部要因の評価に基づく陸軍省の意向によって決まる。この点に関して、高等弁務官が健全な評価のための情報を入手する手段は明らかに限られている。したがって、彼は、この事件を担当部門に知らせるのが賢明であると結論付けた。ＡＦＬ-ＣＩＯが非公式にアプローチし、芳澤氏を静かに会議から退かせる手段を講じ、事件の再燃を防ぐことが期待されていた。これは、潜在的に恥ずべき事例を回避する合理的な方法のように思える。AFL-CIOが頑迷であるか、黙って管理できない場合、または他の要因がある場合、明らかに実行可能であれば、高等弁務官は間違いなく、それらを考慮して健全な決定を下すだろう。

芳澤氏が実際に渡航許可を拒否されるべきかどうかは、申請完了時のすべての事実に基づいて判断されなければならない。なお、芳澤氏は補助申請書を含む申請手続きを遵守する必要がある。

ライシャワー（サイン）

このように、全沖労連の活動家の動向は米国民政府だけでなく、駐日アメリカ大使館、そしてアメリカ国務省まで目を光らせるほど、この当時は重大な問題であったことが窺える。そしてベトナムへの沖縄の労働運動家の派遣が、彼らにとって単なる労働運動の問題としてではなく、沖縄問題が合衆国にとってアジアで政治問題化することを恐れた問題でもあったのである。

⑦「バス共闘」加盟支援と全沖労連の分裂

一方、芳澤が役員を務めていた全沖労連に加盟している労組の中には、本土のいわゆる「全労会議」「ゼンセン同盟」などの同盟系につながる組合幹部が存在した。[30] そして彼らは、一九六二年二月に開催された全沖労連の中央委員会で、ＩＣＦＴＵへの加盟問題を持ち出してきた。この提案自体は、結局取り下げられたものの、その後バス会社の労組による「バス共闘」への争議指導の在り方をめぐり、全沖労連内部の対立が激化した。当時、沖縄における労働運動は「バス共闘」の指導の在り方をめぐって全沖労連と、「自由で民主的な労働運動」を主張する県労協に分裂した。当時の全沖労連幹部は労使協調的な方針をとり、バス値上げに賛成して賃上げを主張するバス共闘側に対し、賃上げとバス代値上げ反対は両立可能である旨説いたが、共闘側がこれらを拒否したと述懐している。

いずれにせよこのバス争議は敗北し、バス代値上げは強行された。

結局、この問題をめぐって全沖労連の方針に批判的な幹部は全沖労連を脱退し、単産は一九六四年九月二五日に、沖縄県労働組合協議会（県労協）を結成した。ちなみに発足集会には、沖縄の社会大衆党委員長や社会党委員長のほかに、本土から総評の岩井章事務局長[31]、全労会議の和田春生書記長[32]、ＩＣＦＴＵ東京事務所長落合栄一[33]らが出席した。沖縄からはダニエル・ロビンソン沖縄駐在員、米国民政府スタウト労働部長らが出席した。このように、県労協の結成が本土の総評のみならず、労使協調的な路線をとる同盟系労組、および国際自由労連の支援を得ていたことは明白であろう。しかしながら、これらの路線対立は祖国復帰運動の内部にもちこまれなかったことは特筆すべきであろう。

むすび

米国民政府は、沖縄戦直後から米軍の直接軍政が終結する一九五二年頃まで、直接的な軍事による占領支配を行っていた。そこでは占領行政はあくまで米軍の軍事作戦上必要な範囲に制限され、沖縄県民の生活権は著しく制限されていた。米軍政府は県民の移動を禁止し、また県民の要求はすべて諮問機関を通じた範囲でのみ許されなかった。しかし、日本政府がサンフランシスコ講和条約によって独立を回復すると、形式的な自治政府である琉球政府を発足させ、自らの占領支配機構はその上におくという形をとった。しかしながら、実質的には米軍の現役将校が行政の長である高等弁務官に就任し、絶対的な権限を振るうという機構自体は変化がなかった。

これらの動きは、五〇年代中期から発展する軍用地強制収用反対の「島ぐるみ闘争」と、強権的な軍政支配に反対する沖縄人民党書記長瀬長亀次郎の那覇市長選挙での当選、人民党を含む民主主義擁護連絡協議会による統一戦線運動の推進などにより、米国政府はそれまでの「ムチ一辺倒」の支配からの政策転換を余儀なくされた。すなわちそれは、経済開発への米国政府の投資の強化と、その経済成長の果実の分配による「自由で民主的な」労働運動の育成である。この政策転換は、既にアイゼンハワー政権末期から勧められたものであったが、より明確な形で推進されるにいたったのは、ケネディ政権誕生以降であり、その政策的な理論的根拠となったのは、ケネディ政権の政策ブレーンに加わったウォルト・ロストウの『経済成長の諸段階』などであろう。

その後一九六〇年代後半からベトナム戦争への泥沼化する軍事介入と、それに反対する沖縄県民の反戦運動と祖国復帰闘争の高揚の後、県労協は全沖労連と復帰運動のなかで共同歩調をとることになるが、その後沖縄の労働運動は分裂を克服できなかった。しかしながら、本土の運動と異なる歩みを持ち、米軍基地の存続に反対する運動が継続できた点は、沖縄が抱える深刻な問題を反映したものであったことはいえよう。この点で、ケネディ路線による「アメとムチ」の支配手法―米国政府がＩＣＦＴＵおよび米国民政府と協調して行った労働支配のもくろみは、結局は長い目で見れば失敗であった。

だが佐藤栄作総理の沖縄訪問とこれに対する抗議行動からはじまる一九六〇年代後半の祖国復帰闘争は、本土の総評、同盟などの労働運動の系列下の下で十分な独自性を発揮できず、二・四ゼネストの「回避」と、日米両国政府による沖縄施政権返還の主導権の掌握により、県民要求本位の復帰が達成できずに本土復帰を果たすことになるが、その詳細な検討は後に述べる。

【注】

（1）W.W.Rostow, "Eisenhower, Kennedy, and foreign aid" University of Texas Press, 1985. p.109.

なおロストウ（ウォルト・ホイットマン・ロストウ：Walt Whitman Rostow）自身について付け加えれば、第二次世界大戦中、米軍の諜報工作を担当したOSS（戦略特務部）の後身であるCIA（Central Intelligence Agency＝通称アメリカ中央情報局）のもっとも古い幹部の一人であり、一九五〇年にマサチューセッツ工科大学（MIT）に国際研究センターを設置してCIAに種々の献策をしたといわれている。D・W・W・コンデ『CIA黒書』（岡倉古志郎、岩崎昶訳、労働旬報社、一九六八年）五一〜五二頁。二〇〇三年死去。

ちなみにこの著作を著わしたコンデは、かつてはGHQ情報課に所属し、四六年六月に辞任。イギリスのロイター通信の記者となったが、GHQ／G2のウイロビーらにニューディーラー左派と目され、帰国を余儀なくされた人物である。竹前栄治『GHQ』（岩波新書、一九八三年）一二四頁。

（2）コンデ前掲書、一七頁。

（3）この市長選挙は、時の当間重剛市長の「琉球政府」行政主席就任に伴い行われ、仲今井間宗一、仲本為美、沖縄人民党書記長瀬長亀次郎、の三名であったが、一万六五九二票を獲得し、瀬長が当選した。この当時の瀬長の心情などについては琉球新報社編著『不屈瀬長亀次郎日記

第2部那覇市長』（琉球新報社、二〇〇九年）二一四〜二一五頁。
（4）民主主義擁護連絡会議：一九五七年七月に結成。瀬長那覇市長が追放されたのち、一二月一二日に総会を開催。会則と運動目標を決定した。運動目標は次の通り。
①原水爆基地化に反対し、平和を守りましょう。
②祖国復帰を実現し、日本の独立を勝ち取りましょう。
③四原則（引用者—「土地を守る四原則」を指す）を貫徹し、国土を守りましょう。
④軍事優先政策に反対し、県民の民主主義を勝ち取りましょう。
⑤大統領行政命令、高等弁務官制度を撤廃し、日本国憲法及び民主的諸法律を全面的に沖縄に適用させましょう。
⑥市長追放布令など、自治体破壊の高等弁務官布令を撤廃し、地方自治体を祖国復帰と生活擁護の砦にしましょう。
⑦防共法など一切の悪法に反対し、自由と人権を守りましょう。
⑧いかなる弾圧にも屈せず、日本人の魂と誇りを堅持してたたかいぬきましょう。
⑨祖国の独立、平和勢力との団結を固め、反動売国勢力に打ち勝ちましょう。
なお、民連の役員には議長に瀬長、副議長に浦崎康華、事務局長に大湾喜三郎が選出された。

『沖縄人民党の歴史』二二〇〜二二二頁。
（5）兼次佐一：一九〇九年生まれ。沖縄人民党の結党に参加。後に離党。沖縄社会大衆党に入党。

一九五七年瀬長の後継者として那覇市長選挙に立候補当選。のちに人民党や民連と一線を画して、五八年二月一六日に沖縄社会党を結成。結成の趣意書に「われわれは脱党する際、日本社会党の線に沿って結党することを宣言した。民連を拡大強化して戦うためにも同士をまとめ、あらゆる進歩的な層を網羅して真に民族運動としての幅広い闘争を民連の中に展開してくれることを要求している」と記し、人民党とは事実上袂を分かつ方向に向かった。のちに兼次は六〇年一二月に社会党からも除名されるほど裏切りがひどくなったが、五八年九月二二日に行われた兼次の市政報告演説会の大混乱や社会大衆党による九月二一日の立法院議会報告演説会の混乱などを人民党の責任に帰す声が社会、社会大衆の両党から出され、この結果、統一戦線組織としての民連の組織的発展は阻まれたとされている。『沖縄人民党の歴史』二二八〜二三〇頁。

(6) 宮里『日米関係と沖縄』一五三頁。

(7) 同一五三頁。

(8) 宮里前掲書一五五頁など。

(9) 新崎・中野前掲書一一三頁。

(10) 同一五五頁。

(11) 例えば一九五九年一一月には、在沖米軍は内外の記者団を三〇名招いてナイキハーキュリーズミサイルの公開発射演習を実施、また、東京の米海軍当局は沖縄でマタドアミサイルの試射の際に、フェルト米太平洋統合軍司令官をはじめとした日本、フィリピンを含めたアジア一七カ国の軍人が参加する等、一連の軍事的デモンストレーションが行われていた。しかし、安保改定阻止国民会議などは、こうした沖縄における一連の米軍当局の動きを安保改定と関連する重大ごととは認識していなかった。合衆国政府下院議会が沖縄にメースB基地建設を承認し、沖縄の立法院が反対決議を行ってもこれと連帯した抗議行動は提起されていなかった。この辺りに当時の日本本土の革新勢力による沖縄問題への認識と取組みの実態がうかがえる。同書一一八頁参照。

(12) 同一一五頁。

(13) 沖縄県祖国復帰協議会：沖縄県官公庁労働組合協議会、沖縄教職員会、沖縄青年団協議会などを中心に、沖縄人民党、社会大衆党、沖縄社会党、沖縄婦人連合会、教育長協会、教育委員協会、市町村会、琉球大学学生会、ＰＴＡ遺族会、那覇市職員労働組合、琉海労、原水爆禁止沖縄県協議会、自由人権協会など五一団体が結集して結成された。結成された大会で採択された目標は以下の通り。

一、平和条約第三条を撤廃しよう。

二、沖縄の原水爆基地を撤去しよう。

三、渡航制限を撤廃し、完全な渡航の自由を獲得しよう。

四、出版の許可制度を廃止、軍雇用者に対する就職申込書を撤廃しよう。

五、主席の指名制に反対し、知事公選を図ろう。
六、参政権を獲得し、国政参加の実現を図ろう。
七、公職選挙法の立法にあたって、現行の小選挙区制を廃止しよう。
八、沖縄県人に係る米軍人軍属の裁判権および捜査権は民裁判に移管させよう。
九、戦時占領法規である布令布告書簡を撤廃しよう。
一〇、国県有地や琉銀、公社を民移管させ、一切の植民地的搾取を排除しよう。
一一、国家的経費や日本本土一軒並みの財政負担はすべて日本本土政府に支援させよう。
一二、ドル通貨を廃止、日本円の使用を勝ち取ろう。
一三、日本本土並みの減税と社会保障制度の確立を図ろう。
一四、教職員自治体労働者の権利を奪う教公二法と地公法の立法措置を。
一五、日本国憲法の適用勝ち取り憲法改悪と安保条約に反対しよう。
一六、四月二八日に向けての復帰運動を高め、組織の拡大強化を図りましょう。
（沖縄県祖国協議会・原水爆禁止沖縄県協議会共編『沖縄県祖国復帰運動史―民族分断十八年にわたる悲劇の記録』沖縄時事出版社、一九六四年、付録）。

なお沖縄自由民主党はこのとき、「従来、祖国復帰運動なるものは一部の反米主義者に利用された恨みがあり、それでは早期復帰は望めない」などの星政調会長談話を発表し復帰協議会結成世話人代表による再度の加盟要請を拒否した（前原前掲書四五頁）。

(14) 同一一八頁。
(15) 宮里前掲書一九五頁。
(16) ジョン・F・ケネディ：一九一七年アメリカマサチューセッツ州生まれ。第二次世界大戦時に海軍に入隊。戦後、民主党から上院議員に選出される。六〇年民主党の大統領候補として選ばれる。六一年一月二〇日アメリカ合衆国史上最年少の大統領に就任。四三歳。青年を中心とした平和部隊を創設する。一方キューバミサイル危機などには、ソ連に対して非妥協的な姿勢を示した。六三年六月、黒人の公民権を保障する公民権法を議会に提出。黒人の権利拡大にも一定の役割を果たした。同年一一月、テキサス州ダラスを遊説中、暗殺される。
(17) エドウィン・ライシャワー：一九一〇年、東京生まれ。両親は牧師。オハイオ州オベリンカレッジで歴史学と政治学を学ぶのちにハーバード大学に移り、中国語と東アジア研究に打ち込む。三二年、歴史学でMAを習得。三五年に日本に戻り、東京大学、京都大学の特別研究生になる。日中戦争を勃発後、三八年にハーバード大学に戻る。三九年ハーバード大学よりPh.Dを取得。日米戦争開始前に国務省東アジア課のアナリストとして働く。以後、陸軍省その他の機関で任務に就く。第二次世界大戦終結後、日本の占領政策立案に携わるが、四六年にハーバード大学へ復帰、日本語と東アジアの文明を教える。妻の死後、東京に滞在中、松方ハルと出会い、結婚。六一年に駐日大使となる。六六年に大使を解任され離日。再びハーバード大学へ戻り、教授となる。以後日本研究に従事。ハーバード大学にライシャワー日本研究所を設立、初代所長となる。九〇年死去。
(18) 新崎・中野前掲書一二二頁。
(19) 宮里『アメリカの沖縄統治』(岩波書店、一九六六年) 一六九〜一七〇頁。なお、アメリカ合衆国によるいわゆるODA (Official Development Assistance) は、一九六〇年から増大の一途をたどり、総額そのものだけを取れば六五年にピークを迎えていた。Rostaw Op.cit., p.174.
(20) カール・ケイセンは一九二〇年生まれ。一九五〇年から五五年までハーバード大学で助教授を務めたのち、一九五四年にハーバード大学で経済学博士号を取得。のちにケネディ政権下で国家安全保障問題担当補佐官を務めたマクジョージ・バンディの部下、ロストウの下で、一九六一年から六三年まで国家安全保障問題特別補佐官に就任。二〇一〇年に死去。
(21) 拙著『占領下の沖縄―米軍基地と労働運動』(かもがわ出版、一九九六年) 四五頁。
(22) 同、四四頁。
(23) 宮城悦二郎『占領者の眼―アメリカ人は〈沖縄〉をどう見たか』(那覇出版社、八一―九頁)。
(24) 平良好利『戦後沖縄と米軍基地』(法政大学出版局、二〇一二年) 一八五頁。
(25) 「ケイセン調査団」の報告書の意義についてはその後の日米両国政府の対沖縄政策全般との関連を調べる必要があろう。
(26) 拙著『アメリカ占領下沖縄の労働史』九九〜一〇二頁。

なおこのブース書簡自体は、米国民政府発行「守礼の光」八六号（発行年月日不明、一九六六年頃発行か？）に掲載されているが、部分訳のみになっている。ちなみにロビンソンへのブースの書簡が送られた後に発行された「守礼の光」二九号（一九六一年四月）では、同様の趣旨の誌説「米軍従業員の労働組合について」で述べられている。

また八六号では、全軍労の活動が紙面で紹介されるだけでなく、以下のような解説文も添付されている。「ブース中将の明らかにした軍の方針は、現高等弁務官ワッソン（ママ：ワトソン？）中将によってますます広い意味をもつものとなり、労務管理の問題は結局労使協力の問題であり、それによって初めて自由世界の平和と安全という共通のゴールに向かって共同作業が行われ、……昇進の希望が持てるということを従業員が認識するまでに至りました」（同、二一頁）。

こうした記事が米国民政府の広報誌に写真付きで掲載されること自体、彼らが沖縄の基地労働者の労働運動をどのようにみていたかを知る材料にはなる。なお、「守礼の光」を考察した著作としては、ボーダーインク編集部編・古波蔵契監修『「守礼の光」が見た琉球』（ボーダーインク、二〇二四年）がある。

(27) 上原康助：一九三二年沖縄県本部町生まれ。一九五一年米軍沖縄地区工作隊へ就職。一九六〇年、軍労働問題研究会結成。一九六一年、全沖縄軍労働組合連合会結成、委員長に就任。一九六四年九月、沖縄県労働組合協議会結成、副議長に就任。一九七〇年一一月、日本社会党か

ら国政選挙に立候補し当選。一九九三年、細川連立政権発足で沖縄開発庁長官に就任。二〇〇〇年六月、総選挙で落選しその後政界引退を発表。

なお、上原の著作『基地沖縄の苦闘―全軍労闘争史』では、全軍労連結成に際して、これらの米国民政府と国際自由労連の協力関係がどのようであったかについてはほとんどなされていない。しかし、その後出された著作『道なかば』(琉球新報社、二〇〇一年)では、以下のように両組織が協力関係を持っていたことを吐露している。

「…ロビンソン氏はすでに高等弁務官(ドナルド・P・ブース中将)に、軍職場での労組結成を邪魔しないよう送ってあること、布令一一六号したでも労組結成は可能であり、労組活動に制約は受けるが、軍雇用員の労働諸条件の改善に役立つと思うとのべ、さらに、いま労組結成をしようとしている皆さんのグループと意見交換できる機会を持ちたいと、積極的な姿勢を示した。」(同書七〇―七一頁)。

なお、いわゆる基地労働者の中でも従来研究分野でもあまり注視されてこなかった、第三種労働者ともいうべきハウスメイドのたたかいについては、神山幸子「米軍政下におけるメイドのたたかい―玉城芳子さんに聞く」(沖縄女性史研究会『沖縄女性史研究』第8号、一九九二年)を参照。

(28) 芳澤弘明:一九三五年台湾生まれ。岡山大学法文学部卒業。法政大学大学院修士課程修了。沖縄弁護士会副会長などを歴任。主な論文に「戦後沖縄における労働立法」(『沖縄歴史研究』

六号)、「沖縄と差別」(「現代日本の差別と偏見」汐文社所収)。著書に『沖縄の米軍と基地』(あけぼの出版)など。原水爆禁止沖縄県協議会理事長などを歴任。二〇一六年死去。
(29) RG59.CDF/960-19B, BOX2902(1), U90006015B(沖縄県公文書館所蔵)。
(30) なおこの当時、本土から沖縄へ渡航する際、いわゆる総評加盟系労組幹部のパスポートは発給を拒否されていたが、同盟系幹部はそれを許されていたという。筆者による前原穂積への聞き取り。
(31) 岩井章：一九二二年生まれ。国鉄職員を経て国鉄労働組合中央執行委員、一九五五年に総評事務局長に就任。三井三池闘争、安保闘争を指導。後に総評顧問。日本社会党左派との関係が深く、一九八〇年代後半の労働戦線統一には批判的だった。一九九七年死去。
(32) 和田春生：一九一九年生まれ。全日本海員組合を経て総評結成に参加。後に総評脱退後全労会議結成に参加。同盟副会長を経て民社党衆議院議員、参議院議員。一九九九年死去。
(33) 落合栄一：一九一六年岩手県に生まれる。一九四三年に東芝入社。東芝堀川町組合長、全日本電気工業労働組合(全電工労組)執行委員長、産別会議中央委員を経て、産別民主化同盟に参加。レッドパージに際して共産党員およびそのシンパとみられる人物の排除に協力。後に一九四八年に新産別書記長に就任。全労会議を経て国際自由労連東京事務所長(一九六四〜一九七七年)。一九九三年死去。

第４章
沖縄返還政策の確定と県民闘争の高揚、祖国復帰

（1965〜1972）

1972年５月１日　メーデー

1　佐藤・ジョンソン共同声明と沖縄返還政策

中華人民共和国の核実験の成功（一九六四年一〇月）そして翌年二月のアメリカ・ジョンソン政権によるベトナム民主共和国（北ベトナム）への爆撃（北爆）など、北爆開始に始まるアジア情勢の緊迫は、合衆国政府に沖縄米軍基地の重要性を改めて認識させた。

そしてこの北爆開始の一ヶ月前の一月に日本の佐藤栄作首相とジョンソン大統領との佐藤・ジョンソン会談が行われた。このときの佐藤・ジョンソン会談は、日米両国の対沖縄政策を以下の三項目に定式化した。①施政権返還問題の棚上げ、②その代償である住民福祉のための経済援助の増額、③日米協議委員会の機能拡大による経済援助以外の問題の論議、である。そして八月一九日、佐藤が訪中した際の記者会見では、施政権返還問題が具体的に言及されることはなく、住民福祉の格差是正と協力が日本本土政府の役割と述べられた(1)。

これらの発言は復帰協に結集している労働者、市民、学生団体、社会大衆党、社会党、人民党などの激しい抗議行動とでも引き起こす契機となった。そしてこれら県民の抗議行動は、佐藤内閣に対沖縄政策の再検討を迫るだけでなく、合衆国政府内部でも沖縄の施政権返還を検討するきっかけともなった。合衆国政府内部では、ライシャワー駐日大使による勧告が取り上げられ、国務省と国防省による琉球特別作業班の発足によって、沖縄問題に関する討議が開始された。(2)

その後、作業班による論議と検討は各省の担当者によって積み重ねられたが、ようやく一九六七年一一月一四、一五の両日にわたる第二次佐藤・ジョンソン会談後の佐藤・ジョンソン共同声明では、日米両国による沖縄基地の軍事的戦略的重要性の確認と基地の保持を前提とした施政権の必要性の確認などを含め四点を明確にした。(3)

さて、一九六九年にジョンソンに代わって大統領に就任したリチャード・ニクソンは、ベトナム戦争で疲弊した合衆国政府の政治的、経済的危機の立て直しと、それまでのアメリカによる「各個撃破政策」の修正と、ニクソンドクトリンと名付けられる新たな軍事ドクトリンによる世界戦略の再編成を目指した。

まず就任直後に国家安全保障会議（NSC）の再建を指示し、ヘンリー・キッシンジャーを国家安全保障問題特別補佐官に任命した。NSC会議では、国務省側は沖縄の施政権返還は日米関係の安定と強化のためにも絶対に必要との立場を取っていたが、統合参謀本部（Joint Chief of Staffs＝JCS）側は沖縄基地の自由使用と、核兵器の貯蔵権の保証を要求した。また、元駐日大使アレクシス・ジョンソンはニクソン政権の下で国務次官に抜擢されていたが、沖縄返還問題の適切な処理、日本側の防衛分担の努力を引き出すことなどを主張した。

結局、国家安全保障会議は六九年五月二八日、対日政策としてＮＳＣＭ13（国家安全保障決定覚書第一三号）を決定した。これによると、対日方針は①アジアにおける主要なパートナーとしての日本との関係の維持及び役割の増大。②安保条約の継続、③基地機能の基本的な維持とその構造及び利用の変化、④節度ある日本の軍事力増強と改善要求である。[4]

そして六九年一一月に開催された佐藤・ニクソン会談とその後出された共同声明ではアジア地域の平和と安定のための日米韓の緊密な協力を謳い上げ、続いてこの平和が極東における米軍の存在によって支援されていることを述べた。そのうえで、韓国の安全は日本自身の安全にとって緊要であり。台湾地域における平和と安全の維持も日本の安全にとって極めて重要な要素であることが強調された。さらに、ベトナム戦争に関して南ベトナム人民が外部からの干渉を受けずに、その政治的将来を決定する機会を確保する米国の努力、と定義づけたばかりか、沖縄返還は米国の努力に影響を及ぼすことなく実現されなければならないことが強調された。こうした諸条件のうえで、一九七二年の沖縄の施政権返還は決定された。

かった。

2 復帰をはじめとした労組・住民団体の運動―教公二法反対闘争の勝利

アメリカによるベトナムへの介入など、前述した日米両国政府主導の沖縄返還論に対して、復帰協を始めとした沖縄の復帰運動に結集する各団体は、手をこまねいて見ていたわけではなかった。

米軍による北爆開始後、原水爆禁止沖縄協議会（沖縄原水協：日本社会党系）は四月に抗議集会を開催し、また米軍のタグボートの乗組員がベトナム行きを命令されるなどの事態が発生し、県民に重大な影響を与えた。こうした事態に対して、七月三〇日、立法院は全会一致で戦争行為の即時取りやめに関する要請決議を採択するなど一定の抵抗がみられた。

そして、一九六五年八月の佐藤首相の訪問に際しては復帰協は初日に五万人規模の集会を開催し、終了後には二万人の参加者が佐藤首相の宿舎へデモ行進を行った。こうした県民の抗議行動は、内外のマスコミを通じて関心を呼んだ。その結果、合衆国政府ならびに米国民政府はなし崩し的情報政策や強権発動などを組み合わせ、日本政府の動向を見守るという戦術に出た。

このようなさなか、ベトナム戦争の拡大は新たな基地拡張を必要とし、具志川村昆布の八ヘクタールなど数ヵ所の新規接収を予定していたが、いずれも住民の強硬な反対運動（昆布土地

闘争）に遭い、強制接収は一件も行われなかった。(5)

ところで、こうした軍用地接収反対闘争および祖国復帰運動の渦中に存在した沖縄教職員会の存在は、琉球政府の与党である沖縄の保守政党、とりわけ沖縄民主党にとって邪魔な存在であった。そこで、日本本土並みに教職員の政治活動や争議行為の禁止、勤務評定などを盛り込んだ地方教育公務員法と教育公務員特例法、合わせていわゆる「教公二法」の制定が六六年五月立法院で提出されることで、俄然政治問題化した。

この問題は、文字通り保革の枠を越えて島ぐるみの問題となり、教職員会をはじめ革新政党、復帰協、県労協などは六七年一月に「教公二法改定阻止県民共闘会議」を結成し、改定阻止のため全県民的な運動に乗り出した。

最終的にこの闘争は、民主党による強行採決等の暴挙を乗り越えて、一ヶ月間の激しい闘争の末、院内の与野党の間で実質的な廃案協定が結ばれ、闘争は県民共闘会議の勝利に終わった。しかし、この闘争に対しては。米国民政府は、あくまで沖縄県民の内部問題という姿勢を取り、それまでに頻繁に行ってきたような介入らしい介入はみられなかった。

3　二・四ゼネストの「回避」および統一行動の実施とその影響

先にも述べた日米両国政府の施政権返還についての議論は、いずれも沖縄をアジアにおける軍事的な重要拠点として、その存続を維持することに力点が置かれていた。こうした議論に対して、革新勢力や労働組合、住民団体などは基地撤去要求を強め、各地でさまざまな基地撤去要求などが現実化し始めた。中でも全軍労の決起は直接基地撤去の課題を掲げたものではないものの、米軍基地の機能を混乱させ、日米両国政府に衝撃を与えた。

そして六八年一月三一日に、当時のジョンソン大統領は、琉球列島の管理に関する大統領行政命令を一部改訂し、行政主席の公選制度を認めた。そして六八年一一月一〇日、立法委員議員選挙と共に初の公選による行政主席選挙が実施された。沖縄の革新勢力は屋良朝苗元沖縄教職員会長を統一候補として擁立し、保守側は当時の那覇市長西銘順治を擁立したが、屋良の圧勝に終わった。

選挙の一〇日後、嘉手納空軍基地で戦略爆撃機B52が離陸に失敗し、大爆発を起こした。嘉手納村ではいち早く抗議の県民大会がもたれ、一二月七日には命を守る県民共闘会議（以下、県民共闘と略す）が党派を超えて結成された。そして六九年一月六日、県民共闘は二月四日にゼネスト決行することを決定した。また、全軍労も一月二一日の臨時大会でゼネスト参加を決定した。

一方、米軍当局は二・四ゼネストの参加者に対して厳重な処分を行うことを警告し、高等弁務官布令第65号総合労働布令(6)を交付して軍労働者に対して新たな労働布令を押し付けようとした。さらに、日本政府はゼネスト回避を二つのルート、屋良首席と総評同盟などの労働組合で沖縄側に働きかけた。また屋良行政主席にはゼネストが復帰を遅らせると恫喝をかけ、総評、同盟側はこれに対してほとんど批判的な姿勢すら示さなかった。この結果B52撤去の感触を得たとして、県民共闘にゼネスト回避を要請し、また総評は安昭政治局長を派遣し、県労協にスト回避の圧力をかけた。

この結果、県民共闘会議の幹事会では、ついに亀甲保吉議長はスト回避を共闘会議に提案するという事態に至った。このことはゼネスト決行へ向けて努力してきた全軍労の活動家やその他多くの労組活動家を落胆させた。そして二月三日から四日にかけて開催された幹事会では、亀甲は議長辞任し、副議長の芳澤弘明が議長代行に就任した。そして幹事会の決定として、ゼネストそのものは取りやめるが、県民共闘会議としての統一行動の実施は決定された。さらにこの中でストライキが打てる労働組合はストで参加することも決められた。そして当日二・四ゼネスト自体は回避されたものの、統一行動は豪雨の中で五万四千人の労働者、市民、農漁民学生が嘉手納グラウンドに結集し、B52撤去を要求するデモを行う形で開催された[7]。統一行動そのものは実行されたとはいえ、二・四ゼネストの回避そのものに成功し県民の運動を一定ではあれ抑え込むことに自信を持った日本政府は、いよいよ沖縄返還交渉へ向けた最後の仕上げにかかった。

その後六九年の佐藤ニクソン会談を乗り切った政府自民党は一二月の総選挙で圧倒的多数を獲得し、翌七〇年三月には沖縄復帰対策の基本方針を定めて六月に返還協定交渉作成交渉を始めた。そして七一年六月一七日に沖縄返還協定がついに調印された。その後六月二九日、「久保・カーチス協定」[8]が取り交わされ、県民の要求である核抜き本土並みを事実上無視した形での祖国復帰が間近に迫っていたのである。

4　祖国復帰闘争と本土労組、文化運動の取り組み

（1）一九六〇年代後半における復帰運動の激化と労働運動の取り組みの拡大

①「日本労働組合総評議会」（総評）と沖縄連帯の取り組み—労働運動面について（一九六〇年代前半の動き）

さてここでは時期が前後するが、一九六〇年代のナショナルセンター総評の取り組みや運動方針がどのようなものであったか、それについて触れてみたいと思う。

一九六一年、一九六二年の運動方針案を見る限り、「沖縄復帰のためにたたかおう」、「沖縄復帰」の一行のみ存在し、具体的な本土での取り組みおよび加盟各単産についての方針、そしてその取り組みについては、具体的な言及はみあたらない。

占領下の沖縄の労組の取り組みが、まとまった形で言及されるのは、六二年三月号「沖縄労働運動の前進―布令１４５号の廃止と統一春闘」である。ここでは、無署名コラムで布令１４５号の廃止をめぐる沖縄労働者の労働運動の評価と、春闘の紹介のみにとどまっていた。

文献資料から確認しうるのは、具体的な運動の紹介と、それに対する論及では月刊『総評』六四年五月号「最近の沖縄における労働組合運動―沖縄全逓の闘いと沖労連の分裂」が唯一見受けられるのみである。ここでは、秋山実全逓共闘部長の執筆で、全沖労連の分裂を沖縄人民党の介入によるものとして批判論考を掲載するものとなっていた。

総評の組織的な運動方針に、沖縄の基地問題及び復帰運動を担う労組との具体的な活動が明記されるようになったのは六四年に入ってからである。ここでは、「軍事基地反対、沖縄の祖国復帰、施政権返還の闘いは、『全国軍事基地反対連絡会議』および『沖縄問題解決国民運動連絡会議』を中心に進めてきた。軍事基地については、米軍、自衛隊を問わず、その新設、拡張に反対し、その撤去を要求して闘う。沖縄返還闘争は、本土の連帯、共闘の闘いを強化し、沖縄の地域共闘組織の結成を援助する」(月刊『総評』六四年七月号「1964年度運動方針(案)」以下略)との具体的な運動方針の記述が述べられるようにはなった。

なお、当時の総評はもう一つのナショナルセンターである同盟などとの対抗関係から、沖縄県労協のみならず全沖労連とも交流した形跡が確認しうる。しかしながら、復帰運動については、一九六四年ころから具体的な取り組みをようやく記述され始めたという側面は否めないだろう。

②文化運動の取り組み—『沖縄を返せ』などのうたごえ運動

ところで従来の占領下の沖縄研究では、これら一連の労働組合、労働運動の祖国復帰への取り組みは、現地では主に制度の改善や政治闘争が中心的に取り扱われ、また分析されることが多かった。さらには、前述したような社会運動という視点では、沖縄現地の取り組みの本土に先行した取り組みが強調されることも多かった。実際、総評の取り組みも、運動としては沖縄の労働運動の後塵を拝する側面も強かった。

しかしながら、いわゆる文化次元での取り組みからみれば、本土での取り組み自体は決して遅れたものとは言えない、むしろ本土での文化的な取り組みは、現地よりも一歩先行して行われていた面も指摘しておく必要があろう。

その文化運動での実例が、現在でもいわゆる歌声運動などで歌い継がれている『沖縄を返せ』である。

「固き土を破りて　民族の怒りに燃える島　沖縄よ
我等と我等の祖先が　血と汗を持て　守り育てた沖縄よ
我等は叫ぶ沖縄よ　我等のものだ　沖縄は
沖縄を返せ　沖縄を返せ」

この歌の作成と普及の経緯を見てみよう。

まず一九五六年に福岡県の国家公務員の労働組合である全司法福岡高等裁判所支部は、沖縄における米軍の人権抑圧の様々な実例を学び、何とか本土復帰へ向けた文化面での取り組みができないかと考え『沖縄を返せ』を作詞した。この歌は当初、労働組合の文化運動の一つとして、全九州歌声祭典で第一位になるなど文化運動では一定の高い評価が得られた。しかし、あまりにも当初は哀愁漂う曲調で、かつ当初の曲調があまりに「暗い」ということで、三井三池炭鉱の労働者作曲家、荒木栄に依頼し、曲調を変えて作曲された。

さらに沖縄では一九六〇年代に、いわゆる一九五〇年代の軍用地の強制接収以後の、あらたな軍用地の強制収容に反対するための取り組みの一つ、昆布土地闘争をうたった『一坪たりとも渡すまい』は、一九六八年荒木栄賞を受賞した。このような新たなたたかいの歌もまた広げられ、文化運動での広がりもまた一段と発展した。

以下、歌詞を引用する。

1

東シナ海前に見てわしらの生きてた土地がある
この土地こそわしらが命祖先ゆづりの宝物

（2番略）

3

黒い殺人機が今日もベトナムの友を撃ちにゆく
世界を結ぶこの空を再びいくさでけがすまい

同時期に、前述した昆布土地闘争に参加した大西進は『あかつきの空に』を作詞し、沖縄の祖国復帰運動が、単なる沖縄のみならず、日本本土の様々な闘い、また当時米軍による直接の大規模な侵略戦争と戦いを繰り広げていたベトナムとのつながりをうたいあげた。

（1番略）

2
二十七度線をつきやぶり喜びあふれる勝利の知らせ
砂川に思いこめ銃剣にたじろがず
根は土にかたく（かたく）根は祖国の土深く

3
あかつきの空に芽を育てディゴの花は春ごとに赤い
ベトナムと砂川とがっちりと手をにぎり
力をたくわえよう（さらに）たたかう花よ

2番のこの歌詞で歌われている「銃剣にたじろがず」は、当時東京都砂川町（現在、立川市）で展開された米軍立川飛行場拡張反対闘争に参加した抗議の市民に対して、このときの米兵に突き付けられた銃剣を詠んだものであった。「二十七度線」とは、北緯二七度線を指し、沖縄の施政権分離の象徴的な表現であった。

③映画『沖縄』製作上映運動について

それでは次に映画『沖縄』の製作・上映運動はどうであっただろうか。

制作自体は、一九六五年ごろから開始され、準備期間一年、製作期間一年、製作費一億二千万（当時）、鑑賞者上映時間三時間一〇分（一部、二部あわせて）の作品が公開された。なお、現地での撮影はある時期まで禁止（奄美などで製作）されていたという（ちなみに東京東部の実在する労働組合争議を描いた映画『ドレイ工場』の製作・上映運動の場合、昭和四〇年一〇月くらいから取り組みが始まり、九万八二一一人が製作に参加し、昭和四二年一一月より全国で上映された（鑑賞者約一四〇万人）。

ちなみに映画の上映運動は、主に総評傘下の労組や地域団体の鑑賞とシナリオ普及運動にあわせて「歌劇・沖縄」の上演と合わせた取り組みも展開されたが、主に関西地域での取り組みが中心であった。

以上の点を考慮すれば、本土復帰闘争（本土の運動体からは「沖縄返還運動」）は政治闘争として位置づけられるのは当然であるが、その取り組みは本土の労組や音楽団体も含めて文化運動としても位置付けられ、取り組まれたことはこの時期の運動（職場に根差した労組など映画製作・上映・普及運動）の取り組みの一環としても、やはり評価されるべき点を持っているといえるのではないだろうか。こうした取り組みの解明も今後必要であろう。

5　復帰運動の最終局面――5・15沖縄返還へむけて

佐藤・ニクソン共同声明発表後、在沖米軍に千数百人の基地労働者の大量解雇と千人を超える配置転換、労働強化などの合理化政策の発表と実行に移った。しかし、全軍労には、もはやこれらの米軍による圧力を覆すだけの力量は残ってはいなかった。

また、佐藤・ニクソン共同声明以後、復帰協を中心とする大衆運動は低迷状態を脱しきれなかった。しかし、一九七〇年の国政参加選挙、また七一年の沖縄国家へ向けて県民の代表団を派遣する闘争は続行され。日本本土との連帯した運動は引き続き行われた。また、一方でコザ事件(9)のような米軍の理不尽な事故に対する無罪判決への自然発生的な大衆の抗議行動はなくならなかった。

ところで、返還協定が調印されたのちに、いわゆる「ニクソンショック」が日本を襲った。それは七月一五日のニクソンの中華人民共和国訪問と、八月一五日のドル防衛のための非常事態宣言の二つだった。ドルを通貨として使用していたため、沖縄では重大な影響をもたらすものであった。復帰協もまた円の切り上げ一ドル＝三〇八円に伴う民衆生活への不安に対応するため、一ドル三六〇円での交換を要求するなど、沖縄の施政権返還が現実に迫った状況での対応に追われた。

このような中で佐藤首相とニクソン大統領は七二年一月の会談で施政権返還期日を五月一五日と決めた。そして一方で復帰直後に行われる沖縄県知事選挙に、沖縄の革新勢力は引き続き屋良を推薦した。

こうした中、全軍労は米軍基地の整理縮小に伴う労働者の解雇撤回闘争を続けていた。そして三月七日から決行されたストライキは、二四日には無期限ストライキに突入したが、結局事態の解決に至らぬまま四月一〇日に打ち切りとなり、執行部は退陣を余儀なくされた。

一九七二年五月一五日。東京で行われた沖縄復帰記念式典の会場では、佐藤首相が自らの外交交渉で沖縄返還を実現させたことを自画自賛していた。しかし、那覇市の式典では屋良知事が「必ずしも私共の切なる願望が入れられたとは言えない」と、その心情を吐露していた。同じ日に復帰協は、「沖縄処分抗議、佐藤内閣打倒5・15県民総決起大会」を雨の中、那覇市与儀公園で二万五千人の参加で開いていた。(10)

むすび

一九六〇年代後半におけるアメリカの対沖縄政策は、日本政府の財政的政治的関与抜きには実施が困難となり、またそれは住民の祖国復帰運動や反基地運動などの運動を抑え込む活動でも同様であった。祖国復帰のスローガンはまぎれもなく、日本本土への祖国復帰という沖縄県民の要求を実現するうえで、日本本土の革新政党や民主団体、労組をはじめとした運動体との連帯なしには実現できない問題でもあった。実際、いわゆる社会党・総評系等の団体と共産党系の団体との共同した取り組み、さらには文化面での取り組みも本土では展開された。

しかし結果的に住民の要求とかけ離れた形で終結したのは、日本本土の運動体の沖縄問題の取り組みのあり方や施政権返還後の沖縄との連帯をどうするかについて理論的な洞察とその運動団体での共有が欠落していたこと、統一的な取り組みが超党派でできなかったことなどに原因が求められよう。その意味で二・四ゼネスト「回避」の時点で、祖国復帰運動の主導権自体が明らかに日米両国政府に握られたものの、その後の運動の弱点はまた別個に考察を必要とする問題であろう。占領下の沖縄における社会労働運動、とりわけ祖国復帰運動の限界と到達点、これらを労働者の運動という視点からリアルに見る必要はここにある。

【注】

（1）拙著『占領下の沖縄―米軍基地と労働運動』五六～五七頁。

（2）宮里『日米関係と沖縄』二一五～二五二頁。なお、ライシャワーは以下の三点に留意することをもあわせて主張していた。

①、日本周辺の防衛ニーズ、自衛隊の役割、米軍の日本駐留から生じる摩擦の縮小方法に関する日米の新たな防衛関係、

②、東南アジアの自由主義諸国の経済発展のための日米協力など、日米の全体的戦略関係の構築。その場合、経済軍事面における日米の役割分担のバランスを考慮することが重要である、

③、沖縄問題について、基地の継続的使用の必要性、継続的使用のために必要な権利変換における特別協定の必要性とその内容などについて可能な限り。緊急に研究すること、であるこれらの点から考えて、仮に施政権返還が行われた場合でも、アメリカが沖縄アジアにおける戦略的な軍事拠点として活用する方針には変化がなかったことがうかがえよう。

（3）佐藤・ジョンソン会談の三カ月前、日本の外務省は沖縄問題を日米両国政府間で討議することを要請した。公式には最初の覚書を米国大使館に提出し、二回にわたる会議で日本側は、合衆国側から沖縄返還の最小限の条件を引き出そうとしたが、当時のアレクシス・ジョンソン大使に突っぱねられた。

一方この覚書について、国務省と大使館の間では沖縄統治と基地の自由使用をめぐる問題での議論が交わされた。国務省極東局は施政権返還の提案の重要性について大統領の注意を喚起するようラスク国務長官に進言する一方で、ベトナム戦争での基地使用の自由の保証、アジアにおける経済的、政治的役割を拡大することを要求することを条件としてあげていた。ちなみに、この進言は当時大統領特別補佐官を務めていたロストウと国務省政策企画部長オーウェンの支持を得ていた。宮里前掲書二六〇～二六二頁。

こうした点を鑑みると、施政権返還問題でも、ロストウがアメリカの対アジア政策の一環を担うべくその役割を果たしていたことがわかる。なお、ロストウがベトナム戦争に政策アドバイザーとしてどのように関与したかについてはコンデ前掲書一九五～二〇一頁。

（４）宮里前掲書、三〇九頁。

（５）中野・新崎『沖縄戦後史』一五五～一五八頁。

（６）総合労働布令は、従来の基地労働者の区分である第1、2種をA、3、4種をBとし、Aの範疇に属する労働者を米国公務員法の適用対象として軍人規則で争議権を否認し、団体交渉権も第三条で事実上否定した。さらに第十条の規定「非合法活動」では、ピケッティング、集会、デモを禁止し、42条の罰則では違反者に対して一年以下の懲役又は量刑に処すものとした。

さらに、その適用対象を基地労働者に限らず「すべての人」とし、「軍または重要産業の運営妨害する目的、あるいはその効果を持つ、ピケ、集会、デモ」を禁止するものとした。結局、この布令は沖縄県民の強い反対の前に撤回を余儀なくされた。拙著六二〜六三頁。

（7）二・四ゼネスト回避問題：沖縄県内の超党派の政党、労働団体によって結成された、命を守る県民共闘会議によってB52撤去を掲げたゼネラルストライキが県労協を中心とした労働組合の一部の幹部の動揺と指導部の脱落によって回避された問題。この県労協、組合員の動揺の原因は、当時の指導部が琉球政府主席屋良朝苗をはじめ、日本本土の総評同盟幹部らの圧力に屈服したことがその一因といえる。そのため、統一行動そのものは県労協加盟の有志の組合員単組と個々の組合員、広範な市民によるストライキ統一行動、抗議行動、嘉手納グラウンドでの大集会とその後のデモという形をとった。

ここでこの行動全体について立ち入って述べておこう。全軍労を含めた「二・四ゼネスト」という形態のストライキは確かに回避された。しかし、県労協幹部たちのすべての行動を取りやめるとの方針・指示ははねのけられ、一日ストが打てる組合は終日スト。部分スト、年休行使が可能な組合は最大限可能な行動を持つという形で、統一行動に参加する組合員が県労協の中からも数多く現れた。実際、当時、仲吉良新を県労協に送り出していた自治労県職労は最大限の年休行使で統一行動に参加した。

このようにして県民共闘会議はB52撤去、原潜寄港、そして命を守る県民総決起大会として統一行動を決行するに至った。折からの集中豪雨の中、泥田のような嘉手納グランドに立つ参加者は身じろぎ一つせず、最後まで整然と行動した。前述したような日米両国政府の陰湿な介入と攻撃、恫喝があったにもかかわらず、県民のエネルギーが発揮されたこの統一行動の成功がなければ、Ｂ52の撤去や、その後の基地労働者への弾圧などはむしろより激化していなかったか、と思われる。

しかしながら、これ以降、日米両国政府主導による施政権返還、すなわち核兵器も米軍基地も内心の沖縄返還ではない形の返還はスムーズな展開を見せることになる。他方でＢ52撤去を求める運動は継続され、最終的に嘉手納飛行場からＢ52を撤去させた（筆者による芳澤へのインタビューなどによる。二〇〇一年七月一九日）。

なお、このゼネスト回避問題については森健一「米国の対沖縄基地労働政策について―１９６９年『２・４ゼネスト』中止問題の分析から」（『近代熊本』No.32）が資料を駆使して詳細な分析を行っている。

（８）久保・カーチス協定：当時、日本政府の防衛庁防衛局長であった久保拓也とアメリカ合衆国カーチスの間で結ばれた協定。この協定は、米軍の一定程度の縮小撤退とそれに代わる自衛隊の配備を認める協定であったので、沖縄県民の強い反発を買った。

（９）コザ事件：一九七〇年、米軍による民間人の轢殺事件に対する軍事裁判で、その容疑者が無罪になったことに対して抗議した事件。コザ（現沖縄市）の住民が米軍車両を焼き討ちにした事件。この事件では、米軍関係者の車両などが主に焼き討ちにあった。なお、沖縄県民側のけが人は一人も出なかったことも指摘しておく必要があろう。

(10) 中野・新崎前掲書二一四〜二一七頁。

※文中の歌詞等については、以下の「うたごえ喫茶のひ」のサイト等を参照した。

https://utagoekissa.com（二〇二四年三月七日閲覧）

なお、河西克哉「うたごえ運動の一九六〇年代—運動方針の変化から—」（『年報日本現代史第26号』、二〇二一年、現代史料出版）からも示唆を得た。

結　章
アメリカの対沖縄政策の変遷と労働運動

以上本書では、四期に分けてアメリカの対沖縄政策とそれに伴う沖縄県民の労働運動を中心に考察してきた。以下、本書で明確にされた点、また課題として残された点について簡潔に触れておく。

1　アメリカの対アジア政策の転換と対沖縄占領政策の確立（一九四五〜一九五一）

この時期は第二次世界大戦の連合国、とりわけアメリカ合衆国を中心とした資本主義諸国とソビエト連邦を中心とした社会主義諸国との間の冷戦が激化し、対日占領政策にもそれが波及した時期である。いわゆるニューディーラーと呼ばれる進歩派の幹部は、連合国最高司令官総司令部（ＧＨＱ／ＳＣＡＰ）より疎外ないしは解任されるなどした。そして沖縄については対日関係を重視する国務省と、軍事戦略的観点から戦略的信託統治を主張する軍部との間で激烈な議論があったが、中華人民共和国の成立、そして朝鮮戦争の勃発によるアジア情勢の急展開の中で、結果的に対日講和条約第三条では、沖縄の施政権は日本本土から分離された。また、奄美群島もまた沖縄と同様、ＧＨＱ／ＳＣＡＰ指令により、日本本土の施政権から分離された県民の間における日本本土復帰への願いを打ち砕かれたが、一方で祖国復帰を支持する県民の運動はその後の祖国復帰闘争の足がかりとなった。

2　冷戦体制の確立と対沖縄政策への波及および県民の抵抗（一九五二〜一九五七）

一九四九年の中華人民共和国の成立、一九五〇年の朝鮮戦争の勃発は、アメリカ合衆国にあらためて沖縄の軍事的価値を認識させた。

このために沖縄県民の基本的権利は軍事基地建設などの必要性から著しく制限された。特に労働運動や祖国復帰運動への弾圧は激しく、労働組合の解散、沖縄人民党への弾圧などはその典型的な事例であった。しかし、軍用地の強制接収に反対する闘争が島ぐるみで高揚すると、弾圧政策とともに一方で、地主に対しては軍用地料の引き上げ等で懐柔策をとるなどした。さらにボリビアなどのいわゆる中南米の親米諸国への移民政策の奨励で、土地を喪失した農民にはある種の代替地を割り当てる政策をとった。

また、日本とカンボジアとの間でカンボジアへの移民政策が議論され、この政策についても合衆国政府およびカンボジア政府内部の高官レベルで議論がなされていたことも見逃せない。中南米諸国への移民政策については、これまでも各論考などである程度明確にされてはいるがカンボジアについては資料そのものの分析ないしは資料そのものが乏しいため、解明を必要とする点は多い。そしてこれらの問題が存在する一方で、沖縄では基地に依存する奇形的な経済構造が成立した。また、その一方では占領支配に対する県民の反発が那覇市長選挙における瀬長亀次郎沖縄人民党書記長の当選、またその後の民主主義擁護連絡会議（民連）の結成という形で高揚した時期でもあった。

3　冷戦戦略の修正に伴う沖縄占領政策の軌道修正（一九五八～一九六四）

この時期に特徴的なのは、世界的にはいわゆる「米ソ共存路線」がとられる一方で第三世界における植民地解放運動、独立闘争などには露骨な弾圧政策がとられたことである。特にアジアにおいては、ベトナムへのケネディ＝ジョンソン政権による軍事介入が実行され、沖縄米軍基地はその最前線基地ともなった。そして占領政策においては、労働組合について国際自由労連を利用した自由で民主的な労働組合の育成により、労働者の不満を緩和する方向をとらせつつ、最大の組織である基地労働者の労働組合、全軍労については、直接米国民政府と国際自由労連がその結成に際してお墨付きを与え、全沖労連などのいわゆる沖縄人民党と親しい労働組

教公二法阻止大会の様子

B 52抗議大会　於：嘉手納総合グランド

合の路線から距離を置かせた。そして最終的には全沖労連の分裂と沖縄県労働組合協議会の結成という米国民政府にとっては望ましい方向へ向かったが、激化するベトナム戦争は、こうした路線の軌道修正をもたらした。

なお対沖縄政策の立案とは直接関与していないが、ベトナム政策の立案を始め対アジア政策にウォルト・ロストウなどがどのように関与しアジアにおける民族主義的な意思は、社会主義的な運動にどのような介入計画を立案したかについては、まだ未解明な点も多く、今後の研究課題であるといえよう。

4　沖縄返還政策の確定と住民闘争の高揚と祖国復帰（一九六五〜一九七二）

この時期は、合衆国政府による沖縄の占領統治自体がもはや困難となり、日本へのいわゆる施政権返還が具体化した時期でもある。これには従来占領政策に関与すること自体に消極的であった日本政府も加わり、佐藤内閣は日本本土復帰を政治課題の中心にせざるを得なかった。しかし、沖縄県民の運動は激化するベトナム戦争の影響で、単なる祖国復帰のための運動から反戦、反基地運動へ向かうなどアジア政策との対決に向かっていった。また基地労働者の運動自体も祖国復帰基地撤去のスローガンを掲げるに至った。しかし、これらの運動が二・四ゼネストなどで最高潮に向かった時点で、日米両国政府は米国民政府や軍部だけでなく、日本本土の労組幹部や屋良主席まで動かし、県民の闘争、特に労働運動を懐柔させ、封じ込めようとした。この結果、祖国復帰運動は日米両国政府に半ば封じ込められ、両国政府主導の「施政権」返還は日米両国政府の政策の枠内に押しとどめられた。

5　最後に――沖縄占領の意味と労働運動、祖国復帰運動の意義

第二次世界大戦終結後のアメリカ合衆国にとって、もはやソ連はかつての連合国としての友人ではなかった。そのため、かつての敵国であった日本の旧支配層を公職追放から復帰させ、自らの反共政策の駒として彼らを対アジア政策に利用した。

そして沖縄に関して言えば、日本が降伏する前にすでに軍政を開始し、かつ実質的には米軍の直接占領のもとに置かれたため、米軍の発言権は絶大であった。住民の日本本土復帰の声は無視され、講和条約成立後も琉球列島米国民政府という形で、住民側の琉球政府はその権力のもとに置かれた。これらの政策はすべて沖縄を太平洋のキーストーンとする合衆国の政策が根

革新共闘会議
（左より）屋良朝苗、瀬長亀次郎、上原康助、安里積千代

幹にあり、そこでは住民の基本的人権よりも米軍の対アジア戦略が優先された。

しかし、こうした状況は一九五〇年代半ばから後半に至る土地闘争、一九六〇年代の反基地闘争および祖国復帰運動などが重層的に高揚して行く中で、徐々にはねのけられていった。しかし、結果的には施政権の返還こそ達成したものの、現在、日本における米軍専用施設の七〇%が沖縄に集中するという現実は変わっておらず、復帰後も米兵による事件事故は数千件を数えるという状況は変化がない。

こうした現実が残った背景には、アメリカの戦後の世界戦略、すなわち戦後の各時期における占領政策の転換が主な原因であるが、沖縄米軍基地の地理的な重要性をあげることもできる。しかし、より本質的な問題は、日本政府が戦後六〇年近くにわたって沖縄の県民の側に立った外交政策をアメリカ合衆国に対して展開してこなかったのが最大の原因であろう。この意味で、県民にとってのアメリカによる沖縄占領は、戦中からいわば捨て石として日本政府に見捨てられた感情が利用されたものであり、一方戦後のアメリカに対する県民による社会労働運動、祖国復帰運動はすべからくこれらの重圧をはねのけようとするものであった。

もちろん、そこには当然、大韓民国の朴正熙政権に対する大韓民国国民の民主化闘争やベトナムへの米軍の軍事介入に対するベトナム民衆の戦いなどのように第三世界との連帯に繋がる部分もあったのだが、何よりも重要なのは、祖国復帰運動が日本国憲法で保障された基本的人権や九条にみられる平和主義などの理念を実現するための運動と言い換えてもいい性格を持つ運動であったことである。

この意味で占領下の沖縄県民による労働運動、そして祖国復帰運動などは、日本の中でも米軍による沖縄の占領支配が軍政府による直接占領と琉球政府を介した間接占領を含めて二七年間続いたという、世界でもまれな環境の下でこそ成立しえた運動だったのである。

あとがき

本書は二〇〇五年に刊行した拙著『アメリカ占領下沖縄の労働史―支配と抵抗のはざまで』(みずのわ出版、現在絶版)の増補改訂版である。本書では、拙著で言及した過去の沖縄占領研究に敬意を払いつつも、それに対するコメントは一切カットした。一方で近年の研究、特に復帰五〇年を迎えた沖縄研究に関する各種論考に若干のコメントを加えた。

沖縄研究を志して三五年に至る今日、沖縄の社会運動史研究に関する著作を通読し感じるのは、基地問題に関する論考・著作およびそれに対する運動や政党の運動、その指導者に関する著作や回想録などの類書は多いものの、労働運動および労働者の取り組みの位置づけとその体系だった研究は、復帰五〇年を迎えてもなお「日暮れて道遠し」の印象は否めない(これは映像作品などにも感じる)。

これは、日本全体の労働組合および労働運動の衰退および社会的な影響力の後退なども背景にはあるのだろう。しかしながら、社会全体のなかの圧倒的多数を占める労働者の取り組みを抜きにして、沖縄の社会運動、特に復帰運動を論じることはやはり不可能ではないだろうか。本書を執筆するなかで、その意を強くした。

さらに沖縄研究に言及すれば、各種米国民政府の一次史料、そしてインタビュー、さらには未活用の当事者の証言録などはいまだに十分な活用が為されたとはいえない。それを発掘しつつ、今後の研究の橋頭堡にしていくことは、筆者も含めた沖縄研究者の社会的責任と考える。

なお本書は過去発表した拙稿の一部を活用しつつ、完成させた。活用した過去稿は以下のとおりである。

「戦後沖縄革新勢力の源流」(五十嵐仁編著『「戦後革新勢力」の源流』大月書店、二〇〇七年)

「占領後期沖縄社会運動の軌跡―1948〜1951年」(五十嵐仁編著『「戦後革新勢力」の奔流』大月書店、二〇一一年)

「沖縄米軍駐留正当化の「技術」」(中山伸樹・北川隆吉編著『21世紀への挑戦4　科学・技術革新・人間』日本評論社、二〇一三年)

「一九六〇年代前半における沖縄少数派労働運動(全沖労連)と本土側ナショナルセンター」(『研究論集　歴史と文化』一三号、二〇二四年、歴史と文化研究所)

またＵＳＣＡＲ（琉球列島米国民政府）資料は前著と同様に、本書も過去沖縄県立公文書館、また沖縄現地で収集した資料をあらためて活用した。これらの文献資料を扱う機関に勤務する多くの方々にも、あらためてお礼申し上げる。さらに、若いころから自分の未熟な研究を絶えず励ましてくれた今は亡き東京経済大学の竹前栄治先生、また図書館でお世話になった司書の皆さん、特に故小川喜久雄氏にもお礼を申し上げたい。

さらに、占領下の沖縄で労働運動と社会保障運動に尽力し、様々な資料の提供や聞き取りにも応じてくれた故前原穂積氏、故芳澤弘明氏にも敬意を表したい。また、筆者が勤務している法政大学社会学部および大原社会問題研究所、中央学院大学の諸先生方、また職員の皆さん方にもお礼申し上げたい。時潮社の方々には、遅筆な自分を励ましてくれたことに、最大限の謝意を表したい。

本書を亡き父と、自分を幼少の頃より励ましてくれ、年明けまもなくに逝去された叔母・南雲節、また、八十七歳の母に捧げる。

二〇二四年五月

著　者

	「B52撤去・原潜寄港阻止県民共闘会議」（いのちを守る県民共闘）結成	
1969.2	2.4ゼネスト中止（統一行動は実施、5万5千人参加）	
1970		日米安保条約自動延長
1971.5	日米共同声明・沖縄返還協定粉砕、ゼネスト決行	
1971.6	沖縄返還協定、日米で調印	
1971.11	屋良主席、建議書を携えて上京	
1972.2	米軍、基地労働者1600人の解雇を発表	ニクソン大統領、訪中
1972.3	全軍労、無期限スト	
1972.5	米国政府、日本政府に沖縄の施政権返還、復帰協、県民総決起大会で抗議	

（前原穂積氏『熱きこころで』等の調査研究を参照）

1964.8.4		ジョンソン大統領、軍事力による報復を表明
1964.9.17	那覇市職労、全沖労連脱退を強行	
1964.9.21	那覇市職労執行委員会、県労協加盟を決定	
1964.9.22	自治労県本部、県労協加盟を決定	
1964.9.25	沖縄県労働組合協議会結成（初代議長：亀甲康吉→全逓が支援）	
1965.1.1	全沖労連臨時中央執行委員会、強力な執行体制の確立を求める	
1965.1.14	佐藤・ジョンソン共同声明	
1965.2		米軍、北爆開始
1965.8	佐藤首相、沖縄を訪問	
1966.1	米軍、具志川村昆布の新規土地接収通告（昆布土地闘争の開始）	
1967.11	佐藤・ジョンソン共同声明	
1968.1		ベトナムでテト（旧正月）攻勢（解放民族戦線による武力攻勢）
1968.2	Ｂ52戦略爆撃機、沖縄に常駐	
1968.11	琉球政府行政主席、屋良朝苗が当選	
1968.12	Ｂ52、着陸に失敗炎上	

1963.10.29-30	国際自由労連アジア地域組織（ICFTU、ARO）第23回執行委員会を沖縄東京ホテルで開催	
1963.11.10	沖縄県官公労定期大会（全沖労連脱退派で三役を掌握）	
1963.11.22		ケネディ大統領、ダラスで暗殺
1964.1.25	全沖労連臨時大会２日目、組織統一の目途つかず休会に	
1964.4.8		日本共産党、4.17スト反対声明（総評加盟の官公庁を中心に批判広がる。後に自己批判）
1964.4.28	国際自由労連沖縄事務所を閉鎖 北緯27度線の海上大会が分裂（沖縄連は４月28日、AA連帯などは８月15日）	
1964.5.2	沖縄に「煙突男」（プライウッド争議の最中３人のうち１人が40日ぶりに煙突から降りる）	
1964.7.24-25	那覇市職労で全沖労連脱退の動き（失敗に終わる）	
1964.8.2		ベトナムでトンキン湾事件起こる（後、でっち上げと判明）

1963.7.2	全沖労連加盟単産三役会議（このとき、臨時大会の開催日時、脱退を表明している労組に説得する、などの方針を確認）	
1963.7.14	全軍労連第２回大会、単一組織への移行およびICFTU加盟を決定	
1963.7.14-8.30	全沖労連第６回中央委員会開催	
1963.8.25-29	（なお最終日に臨時大会開催、春闘総括、新役員選出を決定）	
1963.10.13	那覇自労および糸満自労、山口県下関市で開催された全日自労第21回全国大会に招待され、両者とも全日自労加盟を決定（同じころ、琉球新報労働組合、沖縄タイムス労働組合も新聞労連に加盟）	
1963.10.13	全沖労連に太田薫総評議長、メッセージを送る（なお総評に沖縄労働連絡委員会が設置されたことが同じころに明らかにされる）	
1963.10.25-29	全沖労連第４回臨時大会（このとき、バス共闘、港運労、全日海などを中心とする組合が脱退）	

1963.4.8	バス共闘、無期限ストに突入	
1963.4.28	祖国復帰海上交歓会、祖国復帰県民総決起大会 （このころ、全沖労連の各種闘争の会議が次々と流会、バス共闘側は無期限ストを含む闘争を継続）	
（1963.5.18-6.15）	全沖労連中央執行委員（主に官公労関係者が中心）、このころ次々に辞表を提出	
1963.5.22-23	バス共闘会議の賃上げ闘争妥結	
1963.5.24-28	全沖労連中執あいついで流会	
1963.5.30	地元新聞2紙、全沖労連中執辞任声明を掲載	
1963.6.1	全沖労連第30回中執、7名の中執辞任問題について討議	
1963.6.4	沖縄人民党、「全沖労連中執辞任声明」に関連し全沖労連委員長に公開討論申し入れ	
1963.6.13	浜端全沖労連中央執行委員長、辞任声明	
1963.6.15付	（沖縄人民党機関誌『人民』、全沖労連分裂問題について特集）	

1962.7.29	全沖労連、第3回定期大会開催、ICFTU加盟決議案は取り下げ	
1963.1.1	沖縄で初の最低賃金制度実施	
1963.1.11	全沖労連第16回中央執行委員会招集（中央執行委員会に定足数に満たず流会、一部に不団結の兆候）	
1963.2.4	全沖労連第5回中央委員会、春闘方針決定	
1963.2.7-8		AA諸国人民連帯会議、沖縄に関する決議を採択、4月28日を「沖縄デー」と制定
1963.2.28	中学生轢殺事件（国場君事件）	
1963.3.3		キャラウェイ高等弁務官の公務員労組法改正勧告に対するアジア地域逓信労組が抗議
1963.3.5	キャラウェイ、「自治神話論」	
1963.3.12	「生活と権利を守る県民共闘会議」を結成（バス賃値上げ反対署名運動がこの頃始まる）	
1963.3.18	全沖労連芳澤弘明書記長とバス共闘の間で対立発生	

1961.7.25-31		日本共産党第8回党大会（沖縄人民党は祝電「米帝国主義とそれに従属する日本独占資本が日本を支配」と綱領で規定）
1961.8.2	ライシャワー駐日大使来島（これ以後、日米両国から調査団の来訪相次ぐ）	
1961.8.30	全沖労連第6回中執会議、第5回世界労組大会への代表派遣を決定	
1961.9.2	ICFTU駐在員にダニエル氏赴任	
1961.9.30	全沖労連第1回中央委で内部矛盾が表面化	
1961.10.5	米国国家安全保障担当大統領補佐官カール・ケイセン来島	
1962.2.8	布令145号「労働組合の認定手続き」撤廃	
1962.2	全沖労連中央委員会でICFTU加盟を持ち出す議論が	
1962.6.13	全沖労連第39中執で全織同盟沖縄支部出身中執からICFTU一括加盟を定期大会議案とすることを提案（次回へ持ち越し）	
1962.7.15	ICFTU加盟の議案取り下げを決定	

	（準備委員長に那覇市職労の真栄城書記長を選出）	
1960.12.20		南ベトナム民族解放統一戦線結成
1961.1	琉球大学に「マルクス主義研究会」結成	
1961.1.20		J・F・ケネディ、米国大統領に就任
1961.2.16	キャラウェイ高等弁務官着任	
1961.2.23	国際自由労連那覇地区労働講座開始	
1961.3.9	ICFTU調査団来島（総評・全労代表7名、団長：増原操全労組織部長）	
1961.4.8	復帰協第3回定期大会	
1961.4.19	那覇市職労定期大会（委員長：島袋勇、副委員長：前原穂積（のちの沖縄学習協会長）	
1961.4.22		エドウィン・ライシャワー駐日大使に着任
1961.5.1	第5回統一メーデー開催	
1961.6.17	全沖労連結成大会（前原穂積氏、全沖労連書記長に選出）	
1961.6.17	全沖労連結成（30組合、6000人）	
1961.6.18	全軍労連結成（6組合、2638人）	

	が、団体交渉権も団体行動権も認めない」との見解	
1960.7.9	米軍雇用者の労働組合1号が誕生	
1960.7.12	米国大統領、「琉球列島における経済的・社会的発展の促進に関する法律」（プライス法）を承認	
1960.8.6	自治労沖縄県連合会結成	
1960.8.21	米紙『モーニングスター』、「沖縄の労組は共産主義集団と泥棒のつくったもの」と罵倒	
1960.8.26	米国民政府、瑞慶覧モータープール労組、執行委員長を布令145号により不承認と通告	
1960.9.25	瑞慶覧・ポストエンジニア労組結成	
1960.10.8〜9	沖縄官公労第3回定期大会（インド・カルカッタ大学への派遣をめぐって批判が出され、全沖労連加盟は保留に）	
1960.10.21	沖縄高等弁務官フェルナンド・ブース中将、「米軍施設内における労組の結成を歓迎」と表明（ブース書簡、訳文は本書参照）	
1960.11.18	全沖労連結成準備委員会	

	労働講座に派遣	
1960.2.20	那覇市従業員労働組合第7回臨時大会、組織を解散し那覇市職労に合流することを決議	
1960.2.26	東陽バス争議	
1960.3.29	那覇市職労、春闘方針とともに自治労への加入を決定（那覇市職労はのちに全沖労連に加入）	
1960.3	米国民政府に労組結成準備会	
1960.4.28	沖縄県祖国復帰協議会結成	
1960.5.1	第4回統一メーデー	
1960.5.7	国際自由労連のハワード・T・ロビンソンが軍職場の労組結成に乗り出す	
1960.5.14	那覇市職労第8回大会	
1960.5.19	那覇自由労組結成	
1960.5.20		衆議院本会議、午前0時5分自民党単独で新安保条約を強行採決
1960.6.15		全学連主流派、国会突入（東大生樺美智子死亡）
1960.6.19	アイゼンハワー大統領の来訪に対する抗議行動 嘉手納航空隊、「沖縄従業員の組合結成は自由だ	

	沖縄（労働関係を中心）	日本本土、国外（全般、労働）
1945.3.25	米軍、慶良間諸島に上陸	
1945.6.23	日本軍の組織的抵抗終了	
1945.8.15		日本、昭和天皇の終戦の詔勅
1947.2.1		2.1ゼネスト中止
1947.7.20	沖縄人民党結成	
1949.11		国際自由労連結成
1950.6.25		朝鮮戦争勃発（〜1953）
1951.9.8		サンフランシスコ講和条約、旧日米安保条約調印
1952.4.28	琉球列島米国民政府（USCAR）、琉球政府発足（4．1）	サンフランシスコ講和条約発効
1952.6	沖縄で初の統一ストライキ	
1954.7.15	沖縄人民党事件起こる	
1956.5	国際自由労連（ICFTU）、G・ウィーバーを団長とする調査団を沖縄に派遣	
1960.1.9	ICFTU、沖縄に常駐事務所を設置	
1960.1.15	全沖労連発足準備会発足 那覇市職労の中央執行合同委員会、市従組合員のうち市職労加入を認めて組織統一をすることを決定	
1960.1.19		日米安保条約調印
1960.2.14	米国政府の招待で、沖縄の労働組合代表12名がセント・ジョーンズ大学の	

〈著者紹介〉
南雲和夫（なぐも・かずお）
1965年新潟県生まれ
1996年12月　東京経済大学大学院博士後期課程依願退学
熊本大学文学部非常勤講師、中華人民共和国マカオ大学
Visiting Professor、敬愛大学生涯学習センター講師などを歴任
現在、法政大学社会学部兼任講師、中央学院大学非常勤講師
〔単著〕
『占領下の沖縄―米軍基地と労働運動』（かもがわ出版、1996年）
『アメリカ占領下沖縄の労働史―支配と抵抗のはざまで』（みずのわ出版、2005年）
〔共著〕
『石原都政の検証』（青木書店、2007年）
『「戦後革新勢力」の源流』（大月書店、2007年）
『「戦後革新勢力」の奔流』（大月書店、2010年）
『21世紀への挑戦 4　科学・技術革新・人間』（日本経済評論社、2013年）
『金正恩の北朝鮮―隣国を客観的に『読む』』（遊糸社、2015年）
〔翻訳：いずれも共訳〕
『GHQ日本占領史第24巻（社会保障）』（日本図書センター、1997年）
マイケル・クレア『冷戦後の米軍事戦略―新たな敵を求めて』（かや書房、1997年）
リチャード・スコッチ『アメリカ初の障害者差別禁止法はこうして生まれた』（明石書店、2000年）
ラディカ・クマラスワミ『女性に対する暴力―国連人権委員会特別報告書』（明石書店）
B.トイン、D.ナイン編、村山元英監訳『国際経営学の誕生Ⅱ　社会経営学の視座』（文真堂）
ジョン・フェッファー『アメリカの悪夢―9.11テロと単独行動主義』（耕文社、2005年）
フィリス・ベニス『国連を支配するアメリカ―超大国が作る世界秩序』（文理閣、2005年）

改訂　アメリカ占領下沖縄の労働史

2024年6月6日　第1版第1刷　　**定　価**＝2,700円＋税

著　者　南　雲　和　夫　©
発行人　相　良　智　毅
発行所　㈲　時　潮　社

〒174－0063　東京都板橋区新河岸1－18－3
電　　話　03－6906－8591
ＦＡＸ　03－6906－8592
郵便振替　00190－7－741179　時潮社
ＵＲＬ　http://www.jichosha.jp

印刷・相良整版印刷　製本・武蔵製本

乱丁本・落丁本はお取り替えします。
ISBN978-4-7888-0770-9
日本音楽著作権協会（出）許諾番号第2402670-401号